格言裡的人生魔法

游乾桂

給孩子60則
為人處事的智慧哲理

目錄

第二篇　智慧發電機

第三篇　人品勝過本事

第四篇 態度就是王道

自序

種下一粒美好的智慧種籽

「我想寫一本含有哲理，影響孩子一生的格言書……。」

演講時我這樣信口開河，沒料到聽眾竟因而牢牢記住，一直來信催促，便成了這本名人語錄智慧集的一段有意思的緣起。

我因而想起被我視為貴人的高中校長，他在每一次的朝會中彷彿農夫種下一粒等待萌芽的種籽，升旗過後常常說上一段引述自格言的故事，或者古書裡意義深遠的醍醐灌頂，我洗耳恭聽，次次回回津津有味，把它們筆記下來，其中一句是：「汪汪大海來自於涓涓之水，蒼蒼翠木來自於綠綠之苗」，校長從多來自少，大來自於小，開示這過程叫做「努力」，人生沒有一步登天的事，這則格言不同年紀用不同形式給我養分。

我因而相信名人格言的魅力，年年在臉書推出「紅包書」活動，鼓勵父母在年節除夕夜不要只給「錢」的紅包，最好加上一本送「智慧」的書，抄錄一段格言做為父母的溫馨題字，一年一本，久而久之便可能成為兒女一生受用的禮物了。

這會是一個很有味道的畫面：

每一個月都可省一筆小錢，陪兒女到書店買下一本童書，在書的扉頁上寫上一小段心情，送給孩子，並且一起閱讀。

二十年後，應該可以累積不少書，更重要的是扉頁上又記下了不少回憶。

有一天兒女結婚時把它搬到了會場，隨便抽取一本書，隨口讀上一小段，應該會是一幅感人的畫面吧。

無心插柳的一個小小活動開始有了不同凡響的聯結，並且得到巨大迴響：「老師你快來寫這本格言集，借我們用！」

是的，也許真的可行，一個好作家本該替孩子寫一本足以帶得走，永遠管用的「禮物書」，才不會辜負社會給的尊貴頭銜。

歷史長河中，淘洗過風雲人物之中，能挑選出來的發人深省的金句何止一百、一千，只選六十則，這工程彷彿大海撈針，必須細思掂量，我決定從自己的專業與喜好著手，篩選格言中的自我座右銘，配上故事與感想寫成，剩下的便由閱讀人自行用他們的人生經驗，去烘焙出利己利人的成色。

「學識不如知識，知識不如做事，做事不如做人。」

這話多麼有味道，它提供課本中沒有的思考元素，只給「常識」，沒附哲理，文憑依舊至上，以為掉上書袋就可以功成名就不是好觀點，殊不知常識經由轉化才會變成能用的「知識」，最後經由時間與經驗的淘洗成了有智慧的「智者」。

書中我找到了很多字字珠璣，用心提煉、閱讀、揀選、提取，便可各取所需的錄製成可用的人生態度。

「世界上有不少才華洋溢者成了失敗者，高學歷卻自棄成了無業遊民，只因選擇錯誤。」這是凱洛夫說的，他相信橘子與蘋果本是不同的，只能各自用自己的知識，德行、態度，慢慢雕鏤演出自己的最好。

「老闆只能給一個位置，不能許一個未來。」位置應徵得來的，但未來要通過自己的汗水換取，一分努力一分收穫，十分努力十分收穫，天經地義，從不努力，哪來收穫。

人生好苦？但哈代說：「人生的價值，本來就不是美麗，而是酸苦。」

沒有人可以不做任何苦差事，人生便很輝煌的，辛苦一直是成功的配備，我的演講常常從微光中開車出門，一路遠行到遠方，有時在不熟悉的山路盤旋，暗黑才回到華燈初上的家，賺得的只是區區不成比例的銀兩，天上永遠沒有禮物，不會自動掉了下來，蘋果是種出來，香甜與否在於付出多少？不努力卻想著結果的人，無疑是長灘上的足跡，很容易被海水抹去消失無蹤。

這才是真的「方程式」，沒有人可以置之度外，離苦得樂的妙方在這些名人眼中大約很一致的認定便是「努力、努力，再努力」。

人生簡單來說有三個階段：

最早比的是「才華」，包括單調乏味的分數、等第、學校、學位等等……；後來比「財力」，買什麼房什麼車，銀行有多少錢，買什麼包，哪裡吃；虛虛實實一些年之後，最後比「境界」了：快一點不如慢一點，很有錢不如很幸福，得不如捨，放不下，放一下，放下。

這是一本「親子共讀」書，孩子讀它可以找到楷模，父母讀它可以找到種籽，明白孩子需要的不是分數，而是才華；它有六十篇，俗稱的一甲子，武俠小說習慣用它代表功力的精進，一位武功驚人的武林前輩用灌頂的方式把精氣運至丹田，灌進「一甲子的絕學」，這是我瞎想的，但真希望這本價格區區三百多元的書，含藏的哲理，可以有著影響一生的價值。

游乾桂　寫於閒閒居的忘機小樓

第一篇

達人的人生作主權

有人問寶石藝術家：「你的作品怎麼這麼貴？」

他微笑回答：「我挑選、打磨、雕刻，最後設計出作品……賣的不是石頭，而是……才華。」

販賣的不只是一件東西，而是他經過幾百小時的失敗與嘗試，無數日、週、月的挫折與片刻純然的歡喜，還有一小片的用心、部分的靈魂積累出電光石火的一段生命。

那是值錢的「才華」。

每一個人的人生都會隨著年紀而變得更有智慧，彷彿什麼都懂了起來，這大概便是「經驗」，自己的經歷需要漫長時間，但智者給我們的則可醍醐灌頂。

初入社會的那些年，我相信～成功靠運氣命運，現在我知道～～本事能力才是關鍵；三十五年前我相信天助／人助／就可以自助了，現在我知道～自助／人助／之後才會有天助！三十年前我相信，所有心理病人我都可以幫助，現在我知道，只有真心誠意想讓我幫助的病人我才幫得了！

九年前我相信／助人這件事是可以無緣不度的，現在我知道／佛度有緣人！這是一條漫長的修行之路，慢慢，漸漸……理得的，叫做「漸悟」，它是心隨歲月，年紀流轉的成果，但是如果早年有人可以像武俠小說一樣寫一本書灌頂一甲子功力，你也許便有可能出現縮短時段的開悟了，這便是愛默生的格言說的：「買一本書等於買一個老師回家，終生無償教你了。」

「經驗」告訴我天底下只有三件事：

一，「自己的事」。

人生的漫漫歷程喜怒哀樂統統得自己來，不可能有人幫忙幫我們經歷，那是自己的事，包括快不快樂？幸不幸福？別人都無權插入，一切自己來；天堂地獄不是運氣決定，而是專業決定，你愈是有才華，人生愈可以自己作主。

對的，請記下它，人生無論如何要賣的都是才華，但它是你自己的事，你的才華別人是插不了手的，只能靠努力、用心、學習，不斷充電圓滿它。

二叫「別人的事」。

我的朋友都沒買書、小陳不也是一直滑手機、某某人走在路上就被星探看見成了偶像劇明星……請不要忘了一秒鐘前你看見的全是別人的事，不是你，他們的人生永遠不會用你來書寫，而且未必如表面想的那麼好，偶像劇演了三年之後，很多人便成了沒有演技的嘔吐劇演員，或者有一搭沒一搭的通告藝人了。

本事這件事永遠只有事關己，不涉別人，看見自己的好，人生才會有陽光。

三是「老天爺的事」。

人與天相比基本上是很渺小的，只能聽天由命。有人問我大地震來襲時我會怎麼做？我回答：隨它去吧。

我很達觀，其實非也，因為天災人禍基本上是我的能力範圍以外的事情，不是不管但只有老天爺可管，煩惱無用就無用煩了。

人生就像一部武俠小說中的大俠，有些人拜師學藝多年一直無有成就，原來多半是：忘了自己的事、愛管別人的事、擔心老天爺的事，最後一事無成了。

這本書我用很多名人格言提醒：做好「自己的事」、不管「別人的事」、「老天的事」歸神。

是的，鑽石一定會閃亮的，但要過五關：

學會「**做人處事的態度**」：三分做事，七分做人，在做任何事之前，先學會做人，懂得應對進退之道。

懂得「**學習**」：競爭的世紀貴在求知，不是考試，閱讀習慣才是不斷更新舊知識的保證書。

要有「**創意**」：事半功倍與事倍功半一定不同，得到一個有創見的好觀念，有時擁有的是改變一切的魔法。

強化「**素質**」：房子不是一天蓋成，選址、備材、起樑，素質是這樣培養出來的，日積月累才能養成，汪汪大洋來自涓滴之水，蒼松翠木來自碧綠之苗。

打造「**行動力**」：just do it是不二法門，做才是王道，不斷精進，持續努力的行動力，也只能打造出多於百分之五十的可能性而已。

諾貝爾獎得主，芝加哥學派經濟學家詹姆斯．赫曼（James Heckman）的研究指出，成就的關鍵條件是性格，不是智商，高智力只比一般人多出百分之二的成功機率，讀什麼學校或者是否為明星學校等等則似乎完全無關，它頂多決定比別人高出百分之二十的收入，但財富不等於成就，如果幸福、快樂、有餘暇時間、健康等等因素全部加進來換算，金錢的重要性便被完全稀釋了。

1

不敗

原來失敗的另一個名字就叫做成功

什麼叫作失敗？它是通往較佳境地的一大步。

——菲里浦斯

愛迪生說，成功是失敗的軌跡，這一本書我想就以失敗做開場白，六十篇之後我希望換到你的「成功思想」，成為你的「人生貴人」。

格言中藏著都是名人或者成就者的人生理解，每一個想法都足以翻動人生，故事都是真有其人，也是他們經驗中的鑽石，非常閃爍足以示人的。

失敗與成功一直同時存在，乍看不同其實相同，如同快慢兩字，快是慢、慢是快，也藏了哲理。

這是一個小故事：

有一位非常出色著名的老木匠，家中電線走火，因而遭受祝融，強風助長下火勢凶猛，即使左鄰右舍都投入救火，依舊無法撲滅，只能眼睜睜無助的看著熾烈的火焰，一步步吞噬了老匠人辛苦蓋出的小木屋，成了灰燼。

一場及時雨滅了火，餘溫漸褪去，老木匠走進了倒塌的火場翻找。「找到了！找到了！」他興奮的嚷著，一點都不像剛失去財產的人，鄰人發現他手上拿著的是一整套木匠工具，有釘錘、刨刀……，都不是金銀等值錢的寶物，但他卻喜出望外。

木匠撫弄拍除生財工具上因為大火而沾附的灰塵，露出很欣慰的笑容說：「它們可以讓我再建造一間更堅固耐用的家了。」

我懂老匠人的心思，財富失去可用專業重生，大火乍看之下奪走了他的一切，事實上那只是人生的一場意外而已，未必走投無路，老匠人的專業可以使他東山再起。

無與有，成功與失敗，一直是手中的兩張王牌，就看你怎麼挑選？挑對了就是王牌，可以轉敗為勝了。

為了成功很多人迷信速度，愈快愈好，連讀書這種蓋樓需要厚實地基的事，我們都能迷信「資優」、「跳級」，以為人生可以一日千里，便及早到了美好的終點，即便如此，那樣的人生也不會有什麼美好風景的，速度太快了人生便會像高鐵一樣，變成一條長長模糊的線。

林義傑的超跑哲學告訴我們：原來最慢是最快。

他在二〇〇五年與美國選手恩格與加拿大選手薩哈布完成全長三千七百公里，花費一百一十一天，每天跑上兩場馬拉松的距離，途經六個國家，依序是塞內加爾、茅利塔尼亞、馬利、尼日、利比亞和埃及，橫越撒哈拉沙漠。

恩格說：「一生瘋狂一次就好，絕不會考慮再一次靠著兩條腿橫越嚴酷考驗的撒哈拉沙漠了。」

白天豔陽灼身，氣溫超過攝氏三十八度，入夜後溫度劇降，往往低於冰點，沙漠中的強風常常挾帶黃沙，由四面八方吹來，使人難以呼吸，不可預期變數一直存在，在在考驗體能和精神的極限。

即使想加快腳步卻又快不了，林義傑因而理得「原來最慢的可能才是最快」的道理，當快不了時何妨慢了下來，目的地不在中點而是終點。

速度兩字讓我有了一些不同的思考，「快」未必快，慢才有風景。

培根認為，真正的迅速，指的不是快慢，而是做得成功而且有效，某種程度解答了欲速則不達的道理。

2

熱情

蓄養破關的能量

沒有播種，何來收穫；沒有辛勞，何來成功；
沒有磨難，何來榮耀；沒有熱情，何來輝煌。
——佩恩

八十六歲還想在自己的崗位上發揮所長的動力是什麼？

除了體力過人之外，可能還有「熱情」。

被喻為日本酒之神的釀酒達人農口尚彥，原本已經引退，高齡八十六歲時又重出江湖，站在釀酒第一線，除了要培育新進，傳授絕技外，也要繼續打造自己的極品清酒。

身為釀酒最高負責人，這位大師每天親自到酒廠，細細監控每個環節，連一撮米的泡水時間，也以秒為單位來調整，職人精神可見一斑。

「酒香出來了。」

這是傳奇人物農口尚彥經常在酒廠中發出的驚喜，他窮盡一生研究，最終贏得了日本釀酒最高達人的「杜氏」，與杜康有關嗎？這我不確知，但老人十六歲就踏上釀酒之路，史無前例拿下二十七次日本全國新酒評鑑會「金賞」，被封為日本酒之神，當之無愧。

「如果一直待在家裡，什麼都不想，就變得腦袋空空，感覺老化，來釀酒廠卻又精力充沛。」

說來雲淡風清的一段話其實正是「熱情未減」吧，釀酒的關鍵在酒麴，它能引出酒米的美味，但這很費工，需要：「自己要貼近米麴菌，直到能與菌對話，真的是對菌投注愛情。」

如果不是熱情，任何人都無法一以貫之的在深夜十一點自動醒來檢查米的狀態，老人釀製的一小杯清酒，原來濃縮了米的美味和大師七十年的功力，以至於使得顧客一致讚賞：「非常好喝，很感動。」

大師說自己酒量不好，回饋都來自客人，聽見他們說好喝便是樂趣所在了。

熱情是什麼？

做你「喜歡」的事，不是你「非做不可」的事；前者用的是心，後者只是得錢。

「做好它」與「做好的工作」是兩種截然不同的境界，一種是對路，一種是好路；

當年如果我的志願順序若填對了，沒有錯置，我會考上醫學院的牙醫系，六年後畢業考上證照之後執業，肯定是好工作，賺得到白花花的銀子，但三十年後我應該會後悔，因為那不是我喜歡的工作，只得了錢但沒有樂趣，生活肯定乏味。

寫作與演講後來成了我的職志，但我不知誰會買我的書，什麼單位會請我演講，這條路上一直是孤獨的，我唯一能做的便是「做好它」，讓人看得見成績，得到讚賞，「難得的演講！」

這句美詞是我演講的第二十年，兆豐銀行的公益講座，一位九十三歲的政大老學長他聽完後由傭人扶著走了過來拍拍我的肩，豎起大拇指說：「學弟，你有學問，我以你為榮，這是我聽的演講中最好的一場，一輩子至少該聽一次……。」

我謝謝老學長：「我只是做好它，而且保持熱情。」

這兩件事用掉了我所有的時間了，要做好它，所以我固定閱讀並勤做筆記，「持續」不變非得有熱情不可。

工作如果只是工作，便只要一成不變的按部就班就行，如果工作不止是工作，想要有樂趣，就需要熱情了。

3

精通

做到極致便會被看見

要成功，專心致力於某件事然後精通它。
——遊戲開發大師　艾力克斯·哥登

美國暢銷書《成功者的八個特質》的作者理查·聖約翰花了七年時間，向五百多名各領域的成功人士取經，最終得到八個共通的成功祕訣：熱情、工作、精通、專注、衝勁、服務、點子、堅持，還有一股說不出來的傻勁，執著的要把一件事做到極致。

餐廳服務人員應該不是多了不起的行業，但專家告訴我們，重點不在於那個行業有多麼了不起，而是你要「把它做到很了不起」，做得有聲有色，有自己的風格，天下就是你的。

萬大鵬是一位年輕人，因為學歷低家境辛苦做了服務生，初始經常挨主管的罵：「連盤子都端不好，你還能幹什麼？不情願就滾回家！」

不服輸的他暗自起誓一定要做好這件

事，他請教入行久了些的同事竅門在哪？漸漸地他發現，這件小事根本是大事，從點菜，報菜名，與顧客交流、向客人推薦新菜式等都有方法和技巧。

他利用下班時間揣摩練習待客表情，用微笑帶給客人愉悅的用餐心情，便博得經理和顧客的一致好評。

為了與眾不同，他練習了各種花式上菜的方法，並且上網觀看不同的影片，有一次他用一個漂亮滑行動作從三公尺遠的地方，滑行把菜送到客人面前，帥氣定格時，全場驚呆了，掌聲如雷。

滑行送菜後來便成了餐廳的特色表演，滑行的方法和技巧掌握訣竅之後，他又提升難度，有了倒滑、旋轉等等花式動作，更加完美和精彩。

這套表演後來被電視台製作人看見，驚嘆之餘替他做了專輯，節目在黃金時段播出，引起極大回響。

一堆邀約蜂湧而至，但他還是喜歡餐桌上的表演，他的名言是工作沒有什麼貴賤，重點在你是否真心付出，努力實做，做到了極致便會贏來了尊重。

很多人問如何才能成功？但很少人想自己該做什麼？是不是做到了別人望塵莫及的地步？成功是兩個字，說說吧了，但做得很好是一個道理，你做得到別人一定能看見。

英國的伯斯古城有一位街頭藝人把自己漆成古銅色，站在一座牌樓的下方裝成雕像，伺機作弄觀光客，多數人被他嚇了一大跳，當人潮湧上來後他便演奏起小提琴，悠揚的音律讓人驚嘆，愈來愈多人屏息聆聽，彷彿一場露天音樂會，他的打賞箱馬上滿了起來。

教育家陶行知說：「思想決定行動，行動養成習慣，習慣形成品質，品質決定命運。」

品質兩字很有意思，夠好一定會被看見，才華就如海綿的水，一直持盈保泰也非好事，有時還是要擠壓出來，再去吸收新的源泉，周而復始，便會精進了。

4

投入

做你自己

人生最困難的事情是認識自己並且知道優缺，
並且演好它。
——特萊斯

花甲老人到山中的圓夢寺求了三個願：

一願：「我要富可敵國！」

佛祖搖搖頭，那叫：「辦不到。」

二願：「我想再年輕！」

佛祖皺緊眉頭，那叫：「不可能。」

他的第三願望因而變得很卑微了：「我想做自己。」

佛祖笑了：「行的。」

做不到和不可能是人生兩大難題，一個屬於未來式，誰也說不準；一個是過去式，回不去了；而世間最簡單的成功術是做好自己，但最近卻也最遠。

「每個人都知道鞋子在自己腳下！」

這是拉丁美洲的俗諺，我們的確知道鞋子穿在自己腳上卻又常常遺忘了：

自己是誰？

能做什麼？
什麼根本不會？
好高騖遠，捨近求遠一直是人的通病，我們想的不是最會的自己，而是另一個最有賺頭的別人，柑橘想演蘋果自是難上加難。
以宮崎駿在動畫界的名氣，他是可以身兼多職，製作出更多商業型的動畫，但他沒有，一直堅持自我的規則，守著一片天。
日本動漫畫界，血腥、暴力與性等主流題材一直當道，他算清流，默默耕耘，苦熬二十一年，最後以《風之谷》贏得好評，當時的他已是四十三歲的中年大叔了。
他主張卡通不是卡通，而是經由卡通砌磚的人生哲學。
《魔女宅急便》強烈表達了他的人文哲思和人道關懷，在充滿痛苦和不和諧的世界裡，他一次再一次地說著人性光輝的故事，展露人的「良善」，希望、努力與互助。
《神隱少女》完全表現出他的人生哲理，他說：「人生是一部開往墳墓的列車，路上有很多站，無論捨與不捨，都要心存感恩，揮手下車。」他用動畫反省了人生哲學，一輩子到底要精彩的度過或者忙得庸庸碌碌？人生是想望未來或者活好每一個當下？
塑膠汙染的影片令人揪心，一隻小海龜在塑膠袋築成的長河中無助游著尋著出路，一隻死亡的鯨魚腹中塞滿了消化不了的垃圾袋子，人類創造高度的環境汙染，生存危機不止影響了自己也一併困著了所有生物，這也是宮崎駿在《天空之城》中想傳達的理念，高度科技文明和物質慾望導向的終究會不會就是走向自我毀滅的理由？

警告意味濃厚的末日時鐘，一再調快，理由是這麼脆弱的地球，人類依舊私心自用未做到保護，讓人憂心浩劫不遠了，大自然不會永遠脆弱，它們會用反撲的方式先一步毀滅人類，環保不是只有良善與覺醒，其實它是保護人類自己永續經營的唯一方法。

學問與專業的內裡其實都是哲學，但不同人會用不同的方式表現，導演用的是電影反戰，宮崎駿用的是動畫，他們用最熟悉的「自己」酣暢淋漓的守衛地球。

5
堅持

把簡單做到不簡單

最偉大的真理其實最簡單；
同樣的道理，最簡單的人可能最偉大。
——黑爾

到大馬演講多年多次搭乘同一位司機的計程車到桃園機場，他非常健談，有一次他從前座取出一本小筆記本遞給我，密密麻麻寫著一些數字，那是他的「經營之道」，除了營業收入之外，還有客人的習性與他的創意發想，比方說：

有一個人常常在同一個地方叫車搭乘，他遇上兩三回了，他便會歸納出那個時間在那個地方便可以意外與他相遇被他攔截叫車，他的用心被客人解釋成怎麼又遇上你，好神，最後成為固定叫客服務專用車；機場來回是司機夢寐以求的收入，但別人一個月只有好幾趟，他有數十趟，差別也在用心，他讓我們這種長年出國的人成為他的潛在客人。

他是這樣說的：

每個人都想過更好的生活，但卻不希望「改變」自己，都希望有好收入，卻不用心，忘了天下根本沒有白吃的午餐，這才是真的「行規」。

司機說任何一個行業都很辛苦，但你可以選擇埋怨，也可以力圖振作，可以一成不變的等待客人上車，也可以轉換念頭帶來好機運，客人自動上門。

人生充滿契機，但成功總是屬於那些堅持到底的人。

優秀的確一半是天分，比如籃球大帝邁可喬丹的優秀當然是天分，無論我如何練習都達不到，但他的神乎其技的「卓越」並非天分，而是來自他練完球後別人全離開了球場，唯獨他一個人留下來再投「三百顆球」的堅持，那才是成功之道。

精品咖啡之母娥娜奶奶的咖啡經，是一生煉製的結晶，泡咖啡不難，只要把咖啡包撕開沖入熱水即可，或者買一台咖啡機，但想沖出一杯售價八百元的精品咖啡，每天限量三十杯，還要大排長龍搶購，就要有魔法了。

高齡近百歲的咖啡教母可以經由嗅聞，輕易辨出飄香的那一泡，是出自衣索比亞日曬耶加雪非、牙買加藍山、尼加拉瓜安晶莊園、巴西達特拉、瓜地馬拉阿卡特南果，或者瓜地馬拉微微特南果，就是真本事，她花了九十年學來的。

礁溪老爺酒店在《天下》雜誌金牌服務業調查中，拿下五星級旅館的 Top 1。領導這個集團的人叫做沈方正，即使貴為CEO，他仍然充分享受著服務客人的樂趣，飯店裡不時可見的他穿梭其中的身影，搭配大老遠就可聽見的招牌爽朗笑聲。

他經營DNA並非天生，他從門房服務招呼客人的小弟做起，相信大事是由小事來的，要當總經理，就應該接受歷練，天天比別人「做多一點」，幾年十幾年下來便多做了很多，一直堅持做好它，就會成為別人很難取代的人。

埋怨與執行是兩條路但……花的是「同一個時間」，埋怨的人得零，變不了，執行的做了零點一，是通往目的地的「加法」。

每一件事都有兩個面，簡單與不簡單，如若可以把簡單的事做到精彩絕倫就一定很不簡單了。

九流到一流是同一條路，不往前走的就會停在九宮格的九流之中，努力堅持向前的通往一流！

6
行動
把火花變成火炬

人的天賦就像火花，它既可以熄滅，也可以燃燒起來。而逼使它燃燒成熊熊大火的方法只有一個，就是努力，再努力。

——高爾基

什麼是成才？

很有成就的利己者或者表現平凡的利人者？

聰明／才華一般講的都是利己的能力，善良／慈悲……則是利他的胸懷。

聰明才華算倚天劍屠龍刀，可以斬妖伏魔，也可能「助紂為虐」？

善良／慈悲不是決定聰明／才華的價值！

這需要不斷堆疊的「智慧」修持，才會懂。人生百年，得之外其實還得知道有捨。

聰明／才華是上天的恩澤，不是人人皆有，「喜捨」的慈悲才是一個人最溫潤的化妝品。

人人皆不同，這點是確定的，指的是天賦，我們每一個人都被賦予不相等的能力，多數平庸但有一兩個點較為突出，它像一粒種籽，記得澆水、施肥，才可以發展成為一種可以使用的獨門利器。

我的寫作說穿了是天賦，如同我的女兒會畫畫，寫作需要細膩的觀察力，借用文字傳遞出來，畫畫同樣如是，它們全是天分，只是用不同的方式表現我們對外界的感知。

若想成為某個行業的出色者則需要更加的精進，如果要受人敬重則要再加上了愛與關懷。

每一個人都不相同，所以不必求同，不要「比」。

比這個字本來就是兩把匕首的組合字，比來比去只是一種互刺，但橘子與香蕉各有其味怎麼比？

哈雷機車界有一位出色的改裝設計師叫葉韋廷，他不喜歡與別人比，他說要比也跟自己比，跟過去比。

他是美國總公司授權的台灣第一個客製化哈雷機車的設計師，憑什麼？有興趣、好奇、熱情、喜歡挑戰……都對，他有這方面的天分，是「車的設計師」，連一個小螺絲釘他都自己繪製草圖再交由工廠製作，精緻到所有細節都在乎，一台車上的百個零件，件件精雕細琢非凡漂亮，成了名副其實的一人株式會社，自己就是品牌。

「獨一無二」才是他的一張名片。

他說：「作品不需要用講的，而是用看的！」

如果有人一看就知道那是你的作品，保證很有特點，很有辨識度，肯定某個行業的領航員了，但這個境界很難，卻是必要。

「手工打造」不是用說的，而是必須行動，他把自己比方成了釀酒界的大師仕高利達，為了掌握最精緻的釀酒工藝，會不惜一切成本為不凡的品質層層把關，堅持做出第一流的威士忌，這種態度才是他無法被取代的理由了。

人生沒有小路只有努力，古人的城牆、宮殿、地宮……使用的材料或工法之中有一種叫做「夯土」，夯這個字很有意思，就是大力，既是名詞也是動詞，是使用重物反覆的將土中空氣去除，使之變得非常結實。

做動詞解，便是不停的「砸」，把實力夯得很結實。

富蘭克林說：「盡力做好每一件事。」

你的天分就會去蕪存菁現出璀璨的光芒。

7
專注
只做好一件事

人生頂多一個百年，不短也不長，
只能好一件事。
——李國修

什麼都會的？

神。

會飛的？

超人。

五樣精通的？

莊子叫它梧鼠。

一生只做一件事？

凡人。

把一件事做到最好？

達人。

身材瘦小、戴著圓形眼鏡的李國修便一直堅信此理，「一生做好一件事就功德圓滿了」！

夢想做不到便是「妄想」，可能需要二百年才可以做得到，或者一己之力不易達到則是「幻想」，只有做得到做得好的才是

「理想」，最易做到的是「自我超越」。

漫漫長路的生命之旅中，每一道關卡都如同孫悟空要過火焰山一樣的難，面對、接受、冒險、解決與跨越，起承轉合無一可免，哪來閒功夫做好兩件事，三件事？

人生是自己的，不是別人的、社會的、世界的，不用與人相比，橫陳在眼前的那座山，叫做自己！

蜂鳥與鮭魚怎麼能比？

鳥在青天，魚在水中，無法相提並論，牠們只能各擅勝場！

世界不止一座金字塔，而是每個行業都是一座金字塔，塔底是九流，塔尖是一流，九流到一流透過的是歷練。

投資大師羅傑斯用八個字教女兒：「做你會的，全力以赴」，並且提醒她，任何一個成功者都要做到：找到所有資料，好好讀它，務必搞懂三個法則。

只有天分是成不了達人的，還要「努力」，愛迪生說自己不是天才，天分只占一分，其餘九分是汗水。

各行各業出人頭地的方程式都如同柯比布萊恩說，出色的籃球人只做一件事：苦練，苦練，再苦練。

「庖丁解牛」的故事，告訴我們的不是人生只靠一把刀，而是「今臣之刀十九年矣，所解數千牛矣，而刀刃若新發於硎。彼節者有閒，而刀刃者無厚，以無厚入有閒，恢恢乎其於游刃必有餘地矣。」

出神入化的刀法中原來是用十九年的工夫練成的，但人生有多少個十九年？一個願意花上十九年孜孜不息研究之人，一定是個用「心」者，焉能不是達人。

工夫下得深，才可以出入如無人之境，工作就非只是一種完工了的技術，而是一門藝術，到達「道」的境界了。

導演李安、舞蹈家林懷民、麵包師傅吳寶春、設計師吳季剛、電影的艾瑪史東等等，如果你都認識而且覺得他們很知名，那麼你就更應該知道，這些人並沒有什麼都會，也未做過專長擅長的工作之外的事，在他們的生命之中一直是一個人，一件事，演出精彩絕倫。

一，簡單。

做好一個「一」，不簡單。

能做到令人激賞，大約便是出類拔萃的達人了。

8

優勢

順水才能推舟

人的身上都有一些種籽，它是既成的，
但需要發展，順著它發展就有機緣得到了。
——凱洛夫

優點與缺點，一直並存，多數的人是缺點遠多過優點，但真正可以讓人成氣候，當做一生憑籍的絕不可能是缺點，愛迪生的身上有不愛讀書與鬼靈精怪兩個面，讀書他是逃學威龍，但鬼靈精怪卻使其成了發明家，前五百年與後五百年無人可以超越的天才，現今關於電器的產品八成的原始概念都與他有關。

愛因斯坦的《相對論》概念萌發得很早，領先頂尖的物理學家至少一百年，算是天才中的天才，理論物理學無人可出其右，相較之下他所出版的《情書》一書，便顯示了文筆拙劣的缺點了，內容乏善可陳，難登大雅之堂。

全世界最優秀的物理學家，看來並不是很好的散文家或者作家了。

同樣的道理，羽球國手未必擅長網球，化學家未必能種出一畝良質好米，橘子種得好的農夫專家，未必可以養出一池好蝦，人生一直是有一得必有一失，逆著走，很難走出一頁風景，至多是個工作者，不會是絕色者。

李安大學聯考兩次落第，考第三次會考上嗎？也許，讀大學歷史系的李安，會成為歷史學家嗎？可能不，我猜更有可就是一位懷才不遇的歷史系學生，即使因而成了歷史學者也未必出色，而且再也不會是電影的李安，不會有機會拍攝《臥虎藏龍》等多部膾炙人口的作品。

林書豪的父母當年如果很堅持哈佛畢業的他必須往學術一途，當個上班族或是教授，他的人生會是怎樣？我猜應該平凡，但投入ＮＢＡ的他，即使過程浮浮沉沉，頻頻轉隊，卻聚眾目光，連連驚起一池漣漪，創造一生最值得回味的「林來瘋」傳奇。

成名之前的林書豪，不過是一個不受矚目的板凳球員，但不懈的苦練，等待機會的降臨，意外帶領崩解中的紐約尼克隊七連勝！

苦練是利刃其一，但最重要的是順水推舟善用自己的優點，他把智慧用在球場上，擅長球場解讀能力的他，瞬間爆發力與眾不同，他利用這個能力成了球隊的諸葛亮，指揮若定！

優點與缺點隱伏一套「順逆」哲學，我的家鄉離老家不遠處有一條來自雪山的山泉，汩汩流淌而成的小河，緩緩流下的細流，匯聚成河，我們的假日在此垂釣，暑期游泳嬉遊。

河岸邊綁有竹筏，頑皮的我們常常解下草繩，「順流」而下，一下子就把我們載到了很遠的三角洲了，回來怎麼辦？逆水回來真的難，只好吃盡苦頭扛回來。

我從中理得一事，原來人生不可以逆著走的，做自己不愛的事只會事倍功半了，處處逆風，做自己會的事情才能馭風飛行。

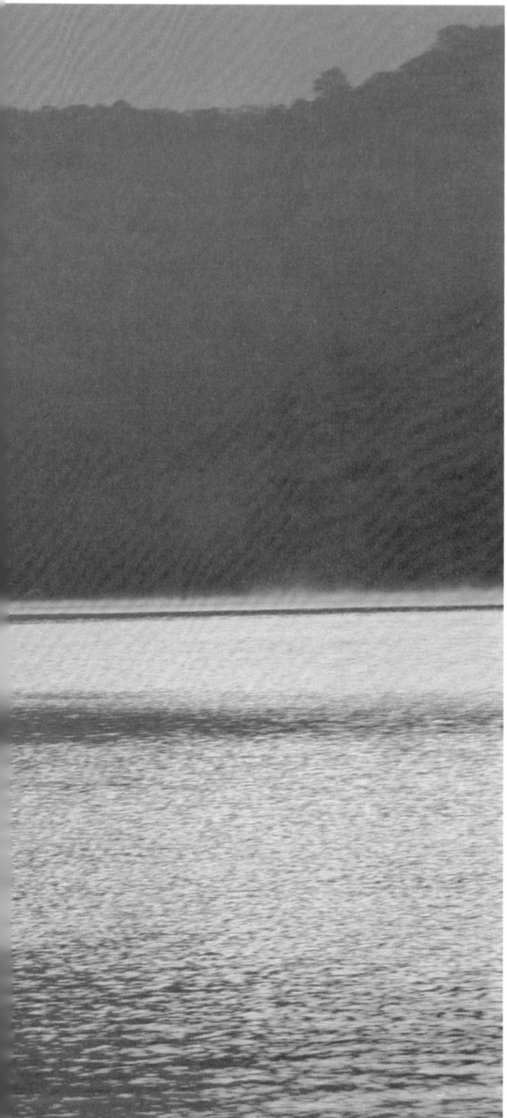

9

捷徑

人生沒有最短的距離

在黑暗裡發一點光，不必等候火炬。
我便是唯一的光。
——魯迅

只要一屁股坐上小野次郎的「數寄屋橋次郎」壽司店，低消三萬日幣，憑什麼？

噱頭？

精緻的食材？

米其林三星的虛名？

應該都不是!!

最短的距離叫做「匠人精神」，這間位於銀座辦公大樓地下室的店，只有十個座位，是全世界上最小的「米其林三星」餐廳，沒有豪華的裝潢，沒有菜單，沒有其他可以選擇的食物，單調且乏味的十多道食物全是壽司，而且有限定用餐時間，僅能坐上十五分鐘，廁所在戶外，美食至少得提前一個月訂位子，依舊吸引來自世界各地絡繹不絕，吃完覺得滿足的客人。

口碑是證照，有人形容他的壽司是一生

必吃的餐點之一，再遠再貴再克難都要吃上一回，這種趨之若鶩的使命必達也要吃的行動就真的需要魔法了。

日本的達人承襲歐洲的工匠教育精神，相信「做到最好」的人才配稱得上是匠人，只要是合格的匠人就是偉大的，即使行業很簡單，但要做到最好便是不簡單了。

小野次郎的匠人精神，律己甚嚴，九十四歲高齡了仍然不相信這世上有完美的，依舊進步中尋找壽司的極致，米其林評選這位「壽司之神」為三星大廚時的評價是：「次郎壽司總是令人驚豔，只有三星才配得上。」

是的，只有三星才配得上他，而非他配得上得三星。

他的五種成功鐵律，值得當人生座右銘：

1、工作一定要很認真，力圖永遠維持最高的水準，展現最好的廚藝；

2、永不相信完美，一直提升技術，永遠相信還有進步的空間；

3、該怎麼做就怎麼做，非常堅持；

4、務必保持乾淨，那是尊重你的客人；

5、永遠懷抱一顆熱情的心。

小野次郎對壽司的熱情確實已經到了一生懸命的地步，他說：「我不在乎錢，但很在乎壽司的美味。」

少了名利地位的追求才會是真正的匠人，做出別人喜歡的人間美味。他的技巧並非不傳之密，他願意將所有的絕竅傾囊相授。

但只相信言傳之後，最重要的是學徒的心領神會與執行，傳承不只教，還有學生自己的悟，才能做出味蕾上的美味滋味。

次郎說：「要達到匠人水平，一定要熱愛自己的工作，一生投身其中。」

你是這樣的人嗎？或者相信捷徑？你按部就班或相信一步登天；小野次郎的哲學給出新的啟發，他相信把事情做到最好的人一定會有名，更重要的是得到相應的尊敬。

一步登天永遠是不存在的，無可取代的人才叫做「唯一」，走捷徑的應該會是「之一」？

狀元一定前途似錦？你看看以下這些人或許明白：

A：

莫儔、王式丹、周虎、林召堂、申時行、劉子壯、陳沆、繆彤、錢棨、吳寬。

他們全是狀元但你可能一個也不認識。

B：

曹雪芹、康有為、顧炎武、金聖歎、黃宗羲、吳敬梓、蒲松齡、李時珍、徐霞客。

他們全是落第書生，你也許全識得！

這兩種人物代表了捷徑與努力之間的差別，值得想一想？

10
煉化

時間才是魔法

世界上最快而又最慢，最長而又最短，
最平凡而又最珍貴，最易被忽視，
而又最令人後悔的就是時間。
——高爾基

教育家葉聖陶，文字寫實，喜歡用身旁的例子解讀教育，比起掉書袋的學者顯得更為輕鬆有人味，像禪。

他的寫作台是一張手作木製的大書桌，當年聽說隔壁村約莫十里路的地方有一位老木匠，手藝一流值得委託製作，但唯一的缺點就是很慢。

他騎單車拜訪，老師父熱情招待，挑選木料，並且說定付了訂金。「何時會好？」「這沒把握，得看天氣，陰涼風大便乾得快，否則會慢一些？做好之後我會讓徒弟通知你……」

一個月後無聲無息，葉聖陶急了，騎上單車再問：「書桌的進度？」

「還沒好？」

師父答得乾脆，因為還沒有陰得很乾，

趕工製作未來一定變形，做事不能快啊。

輾轉大約半年，師父終於送來了嶄新的書桌，葉聖陶對這張料好工好技藝好的書桌滿意極了，直稱是佳作，二次大戰軍隊空襲時被炸掉一角，葉先生太喜歡了不忍棄置，一路運往重慶，再度託人打聽可以修理書桌的木匠師父，很快有眉目，師父爽快答應，稱這是小事，馬上可以修好，果真師父的手腳俐落，三天後書桌便返還，但水準與前一位師父差異太大了，欲速真是不達。

索興訂製新的，這師父同樣以快聞名，很快便完成了他的訂作交件，但不到半年那一張書桌便因為熱漲冷縮出現了變形，這幾則關於書桌的小故事給了葉聖陶很大的教育啟思，「穩定慢行才能走遠」，原來德國的這句俗諺是有道理的，千里之行都是始於一步一腳印的足下。

慢工出細活原是真的，少年英雄不過是自欺欺人的話術，大隻雞保證慢啼，好吃的醬油要一年以上的工序，肖楠、酸枝、花梨、雞翅、檜木等等價高的硬木，百年只能長成一寸，一分耕耘只會多一分收穫！

老家三合院，天井透光處用木板釘了幾個雞寮，雞隻平常被父親野放，在竹筍園自行尋找土裡的昆蟲覓食，風和日麗時牠們便隨興住在野外，颱風或者暴雨天才把牠們趕回雞寮，園子裡的土堆裡常常可以找著加菜的雞蛋，非常有意思的童年。

牠們並不需要特別照顧，九個月後長成活力十足，骨骼結實，羽毛亮麗……的放山雞。

比起一個月或者至多四十五天長成的抗生素雞，肉質便有有天壤之別了，一秒鐘，一分鐘，一小時，一個月，一年……都叫做時間，它們同樣珍貴的，時間可以烘焙出好滋味。

麥金西相信：「時間是世界上一切成就的土壤。它給空想者痛苦，給創造者幸福。」

我信了！你信了嗎？

11

經驗

成功的練功房

一克的經驗抵得上一噸的黃金。
——塞西爾

怎麼寫出一百一十一本書的？

「經驗」！

中橫支線的沿途地景地名我瞭若指掌，玉蘭、牛鬥、棲蘭、四季、南山、思遠、環山、松茂還可以倒背如流，為什麼？因為我從九歲小三開始，就利用寒暑假與一群友伴，坐上一天只有來回各一班的公路局車子上山打工了，全是粗活，但沒有人當我們是小孩子。

清晨五點，起床，在天寒水涼掏一瓢水潑向惺忪睡眼趕走睡蟲準備上工，六點用餐，七點前穿上雨鞋、工作服，荷上鋤頭走出工寮。

山林中的苦差事卻是美好的成長印記，我在那裡聽見四季的聲音，曠野的呼喚，以及原住民的慢生活，還有多年以後有如種籽一般一直萌芽的經驗。

童年的「苦經驗」原來是好經驗，彷彿一劑預防針，後來人生就再也沒有比它苦的，因而覺得生活並不辛苦了。

其次因而儲存了很多同年齡的孩子不可能會有的生命經驗，它像撒下一粒種籽般被我種植下來，經由歲月的共伴，人生的淘洗，一點一滴的累積成了智慧的元素，寫作的資產，文字的活水源頭！

經驗是活生生的，而課本卻死板板，經驗鮮活動人，課本枯燥乏味，兩者大不同。

山上種菜、施肥、採果與挑下山的工作當下只是工作，下山帶回一筆錢交給媽媽，慢慢發現它是創作的時光寶盒……颱風來襲前沒有上工的那一天，我們趁著其中空檔下河嬉遊，下竿便可以釣起肥碩的鰻魚、鯰魚、溪哥，前者用的是沉釣，溪哥用的是浮釣，放上假餌讓牠追逐上鉤，這經驗告訴我人生不可一成不變而是要因地制宜。

「沒有人知道鞋子是否合腳，除非你穿過它。」

法布爾指的應該就是經驗的價值，他的《昆蟲記》是經典巨作，許多昆蟲學家的啟蒙書籍，一生奉獻在昆蟲行為的觀察研究上，提倡以尊重生命的態度，在野外直接進行實驗，實地觀察這些昆蟲的活動，而非一味在實驗室裡解剖生物或是實行殘害性的試驗。

他是第一位用散文的筆觸描繪昆蟲體表構造，或是描寫昆蟲的每個動作的人，在在顯示出他專注的觀察態度，否則無法將這些瑣碎的事件勾勒得栩栩如生。

他的著作中少有晦澀難解的文字，多半是以輕鬆活潑的方式記下所見所聞，一開始受到當時科學界的冷嘲熱諷，少有正面的評價。

但是法布爾不為所動，仍憑藉著對科學研究幾近瘋狂的熱愛，寫下了大量的觀察結果，他替昆蟲書寫迷人的故事，都是利用觀察，文字裡充滿文學的厚度。

法國著名的劇作家羅斯丹形容他「像哲學家一般地思考，像美術家一般地觀看，像文學家一般地書寫」；大文學家雨果則稱他是「昆蟲學的荷馬」。

那就難怪富蘭克林會如是說：「經驗是個寶貴的學校，只有傻瓜才會從中一無所得。」

12
閱歷
海闊天空任我遊

智慧是閱歷的成果，它潛在人身內部，
如同火藏在石塊內部，兩塊石頭相撞，
就產生了火花。
——伊本穆加發

瑞典年輕人林德斯特羅姆一路從非洲摩洛哥壯遊到了南非，以最低旅費跨越十六個國家，記錄下故事，沿途所見所聞讓他非常震撼，發現原來同處一個地球上的人竟如此大不同，於是發心在非洲迦納創辦一間兒童慈善組織，改善他們的生活品質。

這趟遊程的名字實質上叫做「壯遊」，是歐洲三百年來行之有年的成年禮，自己安排行程，透過長途跋涉的旅程，教育自己，尋找人生的意義，行程高難度，有挫折，有苦惱……，但都會一一克服領略出不一樣的人文風情，從中沉澱、反思，最終得到了智慧。

大約應驗了「行萬里路勝過讀萬卷書」的道理吧，我們的腦容量太小了，能裝載的東西與天地萬物比起來太有限了，書本不過是幾頁字的單向度思考，是某些已知的載錄，能理解的多半是片段，而且是透過「他人」之眼的轉述，但壯遊不同，全部是自己親眼目睹閃爍出來的火花。

壯遊並非歐洲人的獨創，基本它是一種基因，只是我們這一代遺忘吧，科學考證，我們的始祖是從東非出走，經過幾世代，幾萬公里，好幾千年萬年的「壯遊」……散居到了各地，人的歷史本身就是一堂「壯遊史」。

二千年前壯遊便很盛行了，在一個交通不發達的年代，人類反勤於用腳，走出了知識與智慧。

孔子的《論語》應該也是得力於周遊列國，他當說客推銷自己的治國理念，從魯定公十三年的春天從魯國出發，展開長達十四年，千萬公里的旅程，修證出論語之道。

孟子四十歲起開始周遊列國，一直到五十二歲被梁惠王稱做老先生的年紀結束，十二年間多半不討喜，不得志，但壯遊依舊有所收穫，寫成人生哲理：《孟子》一書了。

玄奘在公元六二七年西行求法，十九年的時間，走了五萬多公里，大唐、西域、中亞和印度，一百多個國家始於足下的經驗之行，成就一代聖僧，帶回萬卷經論，翻譯數千卷佛經，講述《攝論》、《雜心》。

徐霞客號稱全世界第一個地理學家，《徐霞客遊記》是壯遊三十多年的結晶，寫下了諸多名山遊記，以及對地理、水文、地質、植物的考察，並且糾正了文獻記載的關於中國水道源流的一些錯誤，肯定金沙江是長江上源。

《本草綱目》是中國古代藥學史上部頭最大、內容最豐富的藥學著作，作者是明朝的李時珍，撰成於萬曆六年（一五七八年），萬曆二十三年（一五九六年）在南京正式刊行，大約用了二十七年的時間才編寫完成。過程中，李時珍多次去各地進行實地考察，採集樣本，耗費一生心血。

山林野地採集樣本，在明朝那個時代基本上便是壯遊了。

魯迅說：「眼界是實際看見的，總比聽講得來的要來得實際多了。」

人生像海洋一樣豐富、浩瀚、深廣，光靠讀書考試與分數是不成的，想要鮮亮，熾熱，閃著光芒，務必用腳走出象牙塔。

英國一位小女生十三歲橫渡英吉利海峽，同樣是十三歲的加州男孩子喬丹羅米洛登上珠峰，十五歲完成了七大峰系的登頂……你呢？

他們大約就是國中的年紀吧，已經在思考如何……挑戰冒險，我們可能還在……補習。

13
點子

想像力＋思考力

想像力比知識更重要，因為知識是有限的，
而想像力概括著世界上的一切，推動著進步，
並且是知識進步的源泉。
——愛因斯坦

探視留英的女兒，造訪詩人筆下的「再別康橋」，康河應該不是徐志摩的，但添詩加魂的，確實是他；浪漫的康河由他描繪成醉醺了人，那一天我下河撐篙，從牛頓划向徐志摩，再由徐志摩划向林徽音，向波心散去！

冬日拜訪的康橋，綠意褪去，蕭瑟中多了灰白之美！

我在此邂逅舉世聞名的數學橋，又叫作「牛頓橋」。

相傳牛頓採用數學和力學的方法設計並建造了這座橋，橋上沒有用一顆釘子。牛頓的學生認為：牛頓能做到的事，他們也能夠做到。

事實上，牛頓能的，很多人是不能的。

牛頓腦子裡百轉千迴得出的原創，少了

同樣歷程，我們是學不像的。

這只是傳說，實際設計者並非牛頓，而是威廉．埃瑟里奇（William Etheridge），即使如是，道理依舊相同，他能的別人未必能，即使能也不過是模仿不是創新。

書本裡藏的百分之九十九都是舊知識，真的沒有新鮮事，它們的作用也非用來死記而是活用，牛頓的自由落體理論無論你得多少？創思者仍是牛頓，愛因斯坦的相對論，無論你理解或者不理解也都是愛因斯坦的構思，哥白尼的《天體運行論》，五百多年後的今天來看並不稀奇，即使你全部了解，還是哥白尼的想法。

他們的確都在前人的基礎上加以研究創新，愛因斯坦並未脫離牛頓的假說，哥白尼也沒有拋棄托勒密天文學中的天球概念。

行星仍然是被鑲嵌在水晶球殼中，隨著球殼運轉，只是哥白尼擺脫托勒密傳統有了新思惟而已。

課本用成績評量，再用量化出來的高分被當成了優異，叫它第一名，其實過程中並未有深入的思考，不過是照本宣科罷了，即使有了思考，但也可能欠缺想像與創意，因為時間不可能會騙人的，我們費盡心機考試，不可能還會有時間探究更深的學問了。

求知應該像培根的想法一樣：「……蜜蜂則採取一種中間的道路，它從花園和田野裡面的花採集材料，但是用它自己的力量來改變和消化這種材料。」

失業率的責任往往被硬生生推給乏力的經濟，實際上是教育，關鍵在創意，也就是知識的使用，與眾不同或者與眾皆同是不同的，能看出別人看不見的才是教育的責任，這樣才會是與眾不同的閃亮寶石，遺珠之憾？錯，鑽石就是鑽石怎可能看不出來，重點只在真假？是豬頭或者珍珠吧？

人生之中讀書最簡單，生活最難；聖母峰多高？馬里亞納海溝有多深？查一下便知，但是知識就難了一些，至少需要思辨的過程，這些全通透了才有可能變成有智慧的智者。

阿拉伯數字拼湊出來的成績至多使人心花怒放罷了，但想要贏得人生，使人眼睛一亮，沒下足功夫，肯定是遠遠不夠的。

14

代價

禮物不會從天而降

熄了的火翻動一下木頭便可以使之死灰復燃，
同樣的方式用來研讀，也可以使腦子靈活起來。
——朗塞羅

美國著名的商業攝影師 Joe McNally 採訪美國芭蕾劇院當家女伶 Palome Herrera，拍攝了一系列的舞姿作品，其中幾張裸足照片非常動人，它是光鮮亮麗的舞鞋裡，包覆著練習的辛苦，照片登上了《Life 雜誌》，感動了無數的人。

原來鞋底盡是努力的風景，是的，璀璨的珍珠需要河蚌用自己的身體日夜的磨練才可能誕生，閃耀的火舞，是練習再練習身體被烈火噴出傷口的結晶，舉世聞名的成功人士，都是用這種方式練就的。

天上不會掉下來禮物！

花園裡有一棵橘子樹，只要我疏於照顧，必定結果稀落，果實微小，酸度爆表，但若是我在冬末春初便換了盆，剪了枝，添了土，加上肥料，那一季便會結果累累且碩大香甜，這是我從父親身上看見的植果術，與人生相同，求神不如靠你自己，自助才會有人助，人助了天助便不遠了。

創意心理學家研究靈感得到這樣的結果，他們稱之為努力的臨門一腳，靈光閃過原來是所有付出的結晶，最後一里路而已，如果缺少了前述的努力，是不可能會有成果的，不讀書但滿腹經綸的肯定是天方夜譚。

麻布袋裡沒有裝東西是輕飄飄的，但裝了書之後會擲地有聲，我的老師用這種方式要我們思考要當有貨的人？還是無貨？

胸中有丘壑與無貨千萬里的差異在於用心努力。

要當有貨之人可不是容易的事，至少要努力學習，知識一分一毫全放進了行囊才會專業，學到一門專精，它需要一個十年，或者二個三個十年，更可能是一輩子。

求知應如「海綿」，十公分、直徑一公分藏有二百二十五萬個鞭毛室，一天濾水約二十二．五升（約二十三夸脫），用海綿精神來求知，久而久之，便可海納百川了。

這些道理人人都會懂，但最令人遺憾的莫過於老了以後才發現，大半輩子混水摸魚，書到用時方恨少。

天生與努力一直相生相剋的兩回事，天生由天來決定，聰明與否上帝說了算，沒有數學細胞就是沒有，不碰數學的工作就好了，但一定有其他的天賦可以取代，艾迪生相信：「反正這個世界不可能有不勞而獲的事情，靠的是努力。」

指的是後天更重要。

人生如果真有「失敗」兩字，百分之九十九都是敗給了自己，就算是一條最強壯的鮭魚，遇到瀑布也要奮勇向上，才能到達目的地產卵。

學歷與能力是兩回事，讀完了，畢業了，就有學歷，但能力就沒有那麼簡單，必須精益求精，且要一輩子，至少像托爾斯泰說的，不是知識的數量，而是質量，不是知道很多，而是可以據為己有，運用在生活之中。

據說嚴長壽是這樣養成變身亞洲最好的CEO之一的，他從事的第一份工作，是在一家公司當遞送文件的服務生。每天都提早一個小時上班，將所有的資料、文件仔細分類，並安排好傳送的路線。

這一個小時使他每天都迅速又有效率的達成任務，而且還能空出時間閱讀與思考，奠定了日後基礎。

一輩子？

的確是一條漫漫的長路，但滴水一定可以穿石，努力必成有料的人，機會永遠給準備好的人，重點在於你做過什麼？

與其埋怨他人生不逢時，不如好好充電自己？

台上一分鐘，台下十年功！

成功者的輝煌背後，其實藏了汗水，一個絕色的舞者，令人驚嘆的成就背後，肯定是重複演示一個做到爐火純青的動作，並且忍受過程中撕心裂肺的痛，在時間刻度上慢慢練習得來的。

愛因斯坦說：「在天才和勤奮之間，我毫不遲疑地選擇勤奮，因為它才是世界上一切成就的接生婆。」

不努力就可以獲得美好人生的近乎不可能，與其一直向人要魚，不如學會如何自己下竿垂釣。

下足工夫只會苦上一陣子，但是毫無作為則會苦上一輩子。

15
圓夢

夢想的終點在一直走會到的地方

理想是一盞燈。沒有它就沒有方向，
沒了方向，就沒了生活。
——托爾斯泰

十五歲你在做什麼？斯文．赫定在這個年紀已受了芬蘭極地探險家阿道夫．埃里克．諾登舍爾德的影響，立下決心成為探險家。

他師從德國地理學家和中國學專家李希霍芬，選擇中亞探險，將亞洲地圖上那片無人走過的未知區域了解清楚。

一八九四年到一九〇八年之間，在中亞的高山和沙漠中三次勇敢的探險，繪製中亞的精確地圖，他一直不以考古發掘為目的，盡可能保持現場，因此科學報告中大量夾雜著自己的照片、水彩畫、素描的旅行紀錄，他為年輕人撰寫的歷險故事和他在國外的演講使他成為世界知名人物。

作為新疆和西藏的專家，他是一個堅持自己見解和工作方法的人，在二十世紀也是如此。一九〇〇年三月，斯文・赫定和他的探險隊正沿著乾涸的孔雀河行走，晚上宿營之時，他們偶爾撿到了幾件木雕殘片，判定廢墟中有著深埋的故事，終於在沙海之下，找著了消失了一千五百餘年的樓蘭古城！

漢朝時代的西域地區有大大小小五六十個部落國家，這些國家有的被外敵消滅，有的遠徙他鄉，最終都消逝在了如煙的歷史長河之中。但其中最神祕的，當屬樓蘭，為何一夜之間消失在了黃沙中呢？

史學界眾說紛紜，概括起來就是：一、絲路改道，地理優勢不再；二、羅布泊移動，生態惡化，水土條件變差；三、戰亂的破壞；四、瘟疫的肆虐。

斯文・赫定的考古挑動了這個沉睡的古城再度被世人看見。

在廣袤的塔克拉瑪干大沙漠下，應該還有一些像樓蘭這樣的古代文明被封存，滄海桑田，時移世易之中等待下一個夢想家發現它們。

夢想靠的不是會做什麼而是怎麼做？不是心動而是行動。

蘋果賈伯斯：里德學院休學。

微軟比爾蓋茲：哈佛肄業。

兒童文學家黃春明：高中四處流浪。

網路警察克勞斯：哈佛輟學。

《第三波》作者托佛勒：高中畢業，堆高機工人。

這幾位名人都沒有高文憑，但有夢想！

夢想不難，也可能很難。空思亂想是什麼事也做不成的，只有喜歡，不可能等到美夢成真？起站與終點之間必須靠起而行的動作。

陳星合是一位水晶球的表演達人，夢想成為太陽馬戲團的表演者，他每天勤練十小時不墜，表演得出神入化，終於在二〇〇六年登上這個表演的最高殿堂，入選為團員。二〇一〇年十一月美夢成真，正式獲聘成為表演者，飛赴拉斯維加斯圓夢。

「人生中只有兩條路，要嘛趕緊去死，要不就精彩活著。」

這是殘疾鋼琴家劉偉自我勉勵的一段話，寓意深遠令人動容，人生的旅途的確就像馬拉松，從起點出發，再向終點，過程就是閃著火花的夢想。

16
機會

在對的時候做對的決定

不論做什麼事，失掉恰當的時節、有利的時機，
就會前功盡棄。
——柏拉圖

周星馳的電影充滿渾然天成的創意，即興演出讓人會心一笑，但這並不是純粹天分，而是充分準備後再等待「機會」降臨。

他在香港移民家庭長大，成長中過著清貧的生活。一家五口擠在一間狹窄的木板房裡，把豉油撈飯當作天下美食。

他很早就必須打工貼補家用，比如賣眼鏡、賣電器。印象中最深刻的是去酒樓賣點心，那個時候，正是香港電視發展的黃金時代，愛好武功的他伴隨著電視劇長大，癡迷想加入這個行業，演一個角色。他找來朋友梁朝偉，兩人跑到山上，私下拍了一個八分鐘短片試鏡。

一九八二年，憑著對表演的熱愛，進了香港無線電視藝員夜間訓練班，與他同班的出了不少明星，例如吳鎮宇、歐陽震華、關禮傑、李子雄等，畢業後相當長的時間他都只是一個跑龍套的演員。《射雕英雄傳》裡演個沒有一句台詞就讓梅超風一掌劈死的小配角。當時他覺得，導演設計自己被人一掌打死，有點不太真實，於是和副導演商量，可否自己加演的動作，但被否決了。之後他還是不斷地提出自己的看法，當然也被一再的拒絕。

空閒之餘，他天天看電影，研究演技與表演方法，天天看書，跟人討論。他說，別人都認為你不行，你偏偏不可被看扁，最後韜光養晦六年。機會來時，他也準備好了，打好了令人刮目的根底，這種奮鬥史，並不是獨一無二的，社會上比比皆是……我們從來不缺少機會，缺少的一直是為機會而做的準備和努力，以及能抓住機會所需要的資本。

我的屋頂有一座小小的花園，歲歲年年花不同，季節下各有風情，更藏了一些道理，春天應該種下的小黃瓜，不可以等到夏天才種，也不可以等到秋天收成；高麗菜冬初就該種下，不可以等到寒流，這些全是「時令」的限制，有規律且準確無誤的告知何事何時最宜。

那叫「時機」，一般說來，人生之中「廣讀博記」的最佳時機是十八歲之前，年輕人記上三小時，等同我努力了一天，這個時候的記憶力超強，宜廣記博學，能記下多少就是多少等著以後慢慢忘，如果閱讀的是自己喜歡的，也許還可以終生不忘成為專業的材料。

張潮在他的作品《幽夢影》中提到：「少年讀書，如隙中窺月，中年讀書，如庭中望月；老年讀書，如台上玩月；皆以閱歷之深淺……」

說得多好呀，讀書趁少年？

年輕是知識的「聚寶盒」，記得快忘得慢，那個年紀能聚多少就聚多少寶吧，以後一定用得上的，托．富勒說：明智的人總是抓住機遇，把它變成美好的未來。因為機會永遠在的，但用等待的則是一種十分笨拙的行為，它只給準備好且懂得捉住它的人，你是嗎？

我們的確有權利要求薪水，但老闆也有同樣有權利不給，端賴你端的是不是牛肉來決定？

踏出校門口的那一刻，十八銅人陣一字排開，一個也沒少過，若非練究成了一身武藝的少林武僧，不僅下不了山，可能連一口飯都很難混得出來吧。

猶太人有句格言說：「希望完成自己所能的是人，希望完成自己所希望的是神。」

天下無敵是神的事，做好自己是人的事，人只需要一步一腳印與按部就班，並且「把握時機」。

17 達人

打開自己的燈塔

每一個人都是自己的燈塔，在人生的大海裡，
藉著微微的星光位置而航行。
——史立茲

任何一個工作都是好工作，重點在於你有無用心做好它！

日本東京羽田機場連續很多年被評比為世界最清潔的機場，關鍵人物之一便是清潔總監新春津子小姐，她把清潔這件事做到令人刮目相看，成了業界翹楚，被封為「國寶匠人」。

她的人生故事本身就很有洋蔥，二次世界大戰她的父親來到中國戰場，結婚生下她，日本戰敗她因而成了遺漏在中國的遺孤，不懂日文的她十七歲離開中國前往日本尋親，從被人看輕，求職不順，勉強才被錄用為清潔工作人員，她卻珍惜這個得來不易的因緣。

卑微與否？

她說，不是工作決定，而是心態！

新春津子認為，如果你認定自己的清潔工作是一門技術，那就用心努力做好它，使之成為別人心目中的達人，她因而仔細研究可以用得上的八十多種清潔用品，賦予每一樣東西獨到的用法，如此心思更像技術研發者了。

「愈小的細節，要愈認真看待！」

這個特質使她被看中任命提拔為清潔技術總監，負責七百人的督訓，出書分享，成為名副其實的達人。

她說：「人要做自己，不是別人眼中的自己。」

人生不可能事事順心，但要依心而行，不如理想的事，可以選擇怨天尤人，也可以真實面對。文學家雨果便是這樣想的：「對那些有自信心而不介意暫時成敗的人而言，沒有所謂的成敗！對懷著百折不撓堅定意志的人，沒有所謂失敗！對別人放手，而他仍然堅持；別人退縮，仍然奮力向前的人，沒有所謂失敗！每次墜地，反而像皮球一樣跳得更高的人，沒有所謂失敗！」

新春津子的特別之處就在此，她相信人生有很多事無法倖免，常常會跌得鼻青臉腫，或者四腳朝天；害怕，想哭，改變不了事實，唯有鼓起勇氣面對才是好方法，打造自己的故事，做人生的英雄。

失敗與成功的最大差別在於，失敗者遇上困難時想的是死定了，永遠爬不起來脫困了，而成功者的想法不過是相信爬起來就可以繼續再往前走而已，隨即又加入奮發之中。

英國著名詩人、戲劇家莎士比亞十二歲時在戲院當馬伕，幫看戲的紳士們拉馬繫轠。等大家都入座，戲劇開演之後，就是他的空閒時間。莎士比亞利用這段時間，從門縫裡觀看演出，揣摩劇情角色，學習戲劇，他的好劇本原來是這樣寫成的，他相信，真正的鬥士，永遠願意承認失敗。

人生本來就是一齣獨腳戲，寫的是自己的故事，而我們多半有三個我，天生的我，無法決定；環境的我，父母決定；只有第三個我叫做自己，可以由自己決定。

逆境占了十之八九，沒人例外，我們應該學會反向思考，為那順境的十之一二而活。

森林有一塊大木頭，一半被巧匠做成了佛，另一半做成了紋路特別的地板。地板不服氣問佛：「我們本是同塊木頭，憑什麼人們都踩著我，而朝拜你呢？」佛妙答：「別怨呀，你只挨了一刀，我可是經歷了千刀萬剮！」

故事的寓意深遠，提醒你我，出色被尊重，是因為他付出的比你我多罷了！人生一直有兩種選擇，要嘛不做，要嘛做到最好。

18
刻苦

十年磨一劍

千淘萬浪雖辛苦，吹盡黃沙始到金。
——唐・劉禹錫

赫赫有名的大書法家王羲之，是這個領域裡的佼佼者，一般人只會看見他的名氣忘了他的字是如何刻苦練成的。

據說他練字用壞的毛筆，堆在一起成了一座小山，史上稱它為「筆山」。他家的小水池，是寫完字清洗毛筆和硯台的地方，日積月累之後水池的水都變黑了，人們就把這個小水池叫做「墨池」。

筆山與墨池便是成就王羲之寫出一手好字的理由了。

妍美流利的新字體被大家稱讚像彩雲那樣輕鬆自如，像飛龍那樣雄健有力，公認為歷史上最傑出的書法家之一。

王羲之瀟灑飄逸的字體，不是横世而出的，它離不開日日夜夜的辛勤苦練，是執著，堅持與專一的結晶。

專心做事，認真學習便是十年磨一劍的精神。

十年是一個有趣的字眼，陳奕迅的歌中有一首叫〈十年〉，「十年寒窗」也是十年，唐．賈島的〈劍客〉詩中還是十年「磨一劍」，為什麼是十年？它可能代表一種耐心、持續、執著、恆心，李小龍有一句格言是這樣講的，「我不怕一個人練了一萬種功夫，但怕一種功夫練了一萬次的人」，我試算了一下，如果這人早中晚各練一次，一萬次約莫也是十年。

十年好長？可是沒有一個十年也肯定不會有什麼功夫的！

演講之後，飢腸轆轆之際，轉個彎開往台北市大南路上的「芝山岩牛肉麵店」吃上一碗紅糟紅燒牛肉麵，紅糟入味的，味道特別，牛肉特選，軟嫩入味，入口即化，忍不住喝完碗中的湯底，滿足極了，這麼美味的理由是……根據老闆的說法，中午開賣的是前一天已經在鍋上滷了千迴百轉之後才成了舌尖上的味道，它用流連難忘，吸引老饕。

店面的招牌寫著：五十年老店！

五十年等於五個十年，功夫真的了得。

故鄉宜蘭員山以「米粉魚丸」出名的平民美食，這種好味道是凌晨便起身升火，用豬大骨慢慢熬製數小時的甜美湯汁做成的，美味湯頭是一種時間的堅持。

從父親輩的老爺爺開店到現在估計至少有六十年了吧，等於六個十年。

兩位英國的心理學家研究各行各業的成功者發現了，專精者都至少花了一萬小時在同一件事上，如果天天浸淫練習三小時，一萬小時還是十年。

「要摘取果子的人必須爬上樹。」

這是富勒的格言語錄，如果不爬上樹該如何把在高高龍眼樹上的果實給摘取下來呢？

「寶劍鋒自磨礪出，梅花香自苦寒來」，這種成功道理是變不了的，它一直是一條崎嶇不平的山路野徑，最後峰迴路轉的。

非洲莫三比克有句俗諺說：「只有真正的掘井人才有權從井中取水來用。」

文學家歐陽修是利用零碎時間，利用「馬上、廁上、枕上」三上時間，安靜、專心的練製文學，完成許多膾炙人口的佳作。你又做了什麼？

第 二 篇

智慧發電機

瓦倫達家族是「空中飛人」的專業馬戲班，經常在鋼索上做疊羅漢的演出。大約是一九五〇年，瓦倫達先生受邀在電視轉播做出驚險表演，令人遺憾的是，特技大師在那一次的表演中，眾目睽睽之下失足從高空落下而亡。

瓦倫達太太事後接受採訪，每次走鋼索他都只專注在腳下，他一心一用不計較得失。可是出事的那一次，瓦倫達先生一反常態睡不著覺一直反覆說著：「這次太重要了，不能失敗，絕不能失敗！」

因為失眠加上壓力，擔心的事情真的發生，這種壓力症候群被心理學家借用，便叫它「瓦倫達效應」。

患得患失的確會帶來巨大的壓力，讓人失常，人生何不也是一種「瓦倫達效應」，它更常發生在不夠專業的人員身上，對未來迷惑，不夠好，恐懼就來了，如果再加上沒有充分準備，人生便很容易失控。

心理學家指出，「準備好了」這件事某種程度可以解除不少人生困境，它是通往專業的方法，而閱讀則是其中一個非常重要的途徑之一，即早養成便具備有了破繭而出的因緣。

「書猶藥也，善讀可以醫愚！」

語出劉向的《說苑》的一段話，告訴我們胸中有丘壑的人才能擲地有聲，透過不斷的閱讀便可以儲存更多知識，少了它即使是巧婦也難為無米之炊，知識就是力量那是確定的，這也是我手不釋卷的理由，對我來說，讀書未必能給了我什麼，但不讀書一定不會有什麼。

書是引路種籽，用佛禪添得人生哲學，懂得：名利場空，身處清涼世界，營求念絕，心歸自在乾坤的哲理妙義。

三十年前讀的書，經過如葡萄酒的發酵愈陳愈香，大一時讀了梭羅《湖濱散記》，不惑之年用上了，在我人生重大的決定時派上用場，我用書中的減法哲學過日子。

李密庵的《半半歌》大約三十歲那年入了視野，知天命之年成了我的座右銘，懂得如何讓將一半人間。

這就是閱讀的曼妙，非常神奇在我的人生裡起了化學作用，但閱讀必須是一種享受，興趣很重要，如果讀的是自己喜歡的作品便可能快意自在，無趣的，為讀而讀的，有目的性的作品，便不可能讀出什麼名堂的。

作家李霽野在他的《讀書與生活》一書中提及：「讀書千萬不要只為了考試，不只是一種敷衍外來的要求，而是為了滿足內心的需要，充實自己的生活而做的活動。」

王力在〈學人談治學〉一文中則提到擇書：「我們沒有那麼多時間，因此，選擇書很重要，書海浩瀚不可能本本皆讀，如果讀了一本沒有用的書，或者一本毫無意義的書，就是浪費時間了。」

反之，滴水穿石，便可以成為有用的義理了吧。

19
買書

把大師帶回家

世界上的任何書籍都不能帶給你好運，
但是它們能讓你悄悄成為你自己。
——赫爾曼・塞蒙

查克菲尼是巴菲特的好友兼事業合夥人，他比誰都更貼近這位好友，一般人大約只知道他無「可樂」不歡的趣聞，每天一定要喝一瓶可口可樂，但查克菲尼看見的則是他的成功法則。

「投資之神」是巴菲特贏得的封號，很多人據此認為他一定花很多時間在投資操盤這件事上，布局股市，查克菲尼告訴我們，非也；巴菲特一天之中用在讀書的時間多過想像，大約有八至十小時，他研讀資料，仔細消化，並且決勝於千里之外。

股市投資的書不是他閱讀的全部，他反而更愛看一些閒書，用來放鬆心情解除壓力，這才是真實的巴菲特。

透過查克菲尼的解讀，巴菲特的成功是有跡可尋的，天下沒有白吃的午餐，「有努力未必成功，不努力一定不會成功」吧。

培根相信：「知識就是力量」，巴菲特信仰這個想法，他認為多讀書肯定可以長了見識，在必要的時間馬上派上用場，組合出可以改變結果的義理，這是功能性的好處。

多讀書可以教人在喧囂的世界裡，找到一個屬於自己的寂靜角落，沉下心來，思考人生，讓浮躁的心靈歸於純淨……這是讀書心理面的好處。

成就如神一般的巴菲特花很多時間閱讀，你用了多久呢？

請再花一分鐘想想，如果身上有一筆錢你會用來買書嗎？

研究讓人沮喪，一百個上了大學或者上過大學的人之中，只有七位會把辛苦賺來的白花花銀子用在買書上，他們寧可逛夜市、吃到飽、買三C用品……即使上萬元都是便宜，反觀一本只要二三百元的書，卻嫌貴，的確匪夷所思。

愛默生說：「買一本書等同把一位大師請進了家門!!」

他相信世上沒有任何一本書會是白讀的，每一本都可能融進你的氣質裡，形塑出一種態度，這些看似無的東西，實際上是有，書讀多了容顏自然改變，可以兌換和善、氣度、優雅與理性等等，從而被人喜歡。

「胸有文墨懷若谷，腹有詩書氣自華」自是不假，讀不同的書，自然也有不同的氣質與生命態度。

書最有味道的是藏著哲學改造，魯賓的《過得還不錯的一年》讓我比別人早一點明白，少了慾望，就少去不必要的爭奪，多出來的時間便可以把人生演得更美的道理，如果當年沒有讀過這些先行者的書，也許可能遲到幾年或者幾十年。

當別人都是用薪水的多少，賺多即好的觀念時，我已比他人更早五年、十年懂得「節省」是王道，若我只花一萬，大約賺兩萬便可活，但若月花五萬，就要賺七萬才能活。

顏回的〈清貧生活〉則是我的另一個老師，他反覆琢磨著全部與部分的概念，白天一半黑夜一半，工作一半休閒一半，原來一半就是「全部」，因為我需要用另一半的時間來使用一半辛苦得到的擁有。

讀書這一件事肯定愈早愈好，否則有一天「開卷方知未讀書」可就很磨人了。

20 興趣

做自己喜歡的事才會長久

在生活中，不會永遠有特權去做自己高興的事，
但我們有權從所做所為中，得到最大的樂趣。
——比爾．利特爾

演講時，校長喜不自勝告訴我，學生在校三年都能考十多張證照，最厲害有三十多張，我聽昏了，一時反應不上來。

回程闔上眼在高鐵上突兀盤算：「時間會去哪兒了？」

我指的是這個人會把時間用在自己喜歡的事還是自己賺得到錢的事？或者賺得到錢但並毫無樂趣可言？

三年三十多張是一個什麼概念？一年應該是十多張吧，每月都要辛苦練習再練習考出一張吧？

有人問我證照不重要嗎？興趣很重要嗎？

我的答案是肯定的。

明朝的日修禪師是我喜歡的「時間相對論大師」，他說：「這一分鐘美好這一分鐘就不會不美好」，因為是「同一分鐘」，大師開示出時間的統一性、重疊性、選擇性，魚與熊掌不可能兼得！

如果為了幾張證照用光了所有時間，或者以為證照是專業的保證就有些歪樓了。時間一但進了誤區，就會有勞拉·布希的感概：「你永遠看不見和今夜一樣的星空。」

如果我們的教育是虛做，歐洲的念想便是實學。

瑞士有一種特別的職業叫做「森林專員」，養成教育共三年，每周有一天在學校上學術課，四天在林地上森林課，三年裡還有五十天的特別課，包括森林生態、認識纜繩起重機和拖拉機，以及意外事件的緊急處理……等等，唯一要求是精確、安全等等態度。蹲、提、拿、轉、扛……等動作姿勢要精確，工作中「穿戴整齊」，工作前還有各種暖身運動，以減少折損，這是安全。

三年修行完畢過關之人才可取得「一張」證照，這套教育在乎的是「過程」中的認真學習，而非通過考試。

德國教育中的「匠人制度」很迷人，台東的東公高工師承便是德式木匠精神，如果你讓德國大師告訴你最好的技藝教育是什麼？他們依舊會答：師徒制。

德國木匠學校修習三年取得的是一件可以塞滿各式工具的「木匠工作服」，昭示匠人誕生了，他們幫人蓋小木屋、雞舍、廚櫃……做好後蓋印認證，再去找下一位委託人……三年後做出許多足以被認證的作品。

這種「流浪練功法」像極了孔子的周遊列國，一路挫折一路思考出禮樂射御書術……一個成功者必備的六種能耐——六藝，或者李時珍在荒煙蔓草的森林一面採藥一面試藥中毒後再一面解毒，終於試成了《本草綱目》。

孔孟老莊墨與希臘三哲人蘇格拉底、柏拉圖、亞里斯多德應該都無學歷，也無足以示人的證照，但創意無限不被綁架的思考，成就了榜樣。

我在歐式教育裡讀出了教育裡興趣如金如銀一樣，有著美好延展特性，是人的發電機，有興趣，有樂趣，開心的做才能展延成一輩子的沃土。

少了樂趣的工作即使可以賺再多錢，也只是職業，但優遊自在的工作，得失心會少歡喜心會多，就會是志業。

證照這張信符，的確是人生加分題，在第一眼，第一次，第一份工作，或者考試加分的工具，但人生啊，真的沒有這麼簡單，單靠它是不成的，你可以靠它找著工作，但無法用它享受工作。

文學家林語堂貴說的在「養趣」，我懂其因了，這樣方可一輩子用心堅持，熱情、有恆、毅力，像一張人生地圖，按圖索驥找著自己的一方天地。

21 挖寶

所有的事都得付出代價

人生的字典裡有三件事非常值錢：意志、用心，
與等待，它們是成功該付的代價，
也是這座金字塔上的三塊基石。
——巴斯德

美國哈佛大學老校長愛德華告誡學子：「哈佛的的確確是知識寶庫，只不過我看見的是，大一新生帶著求知進到學校，但到了大四畢業生卻只帶了一點點知識離校。」

這則雋永語錄讓我思之再三。

天賦與努力一直是兩回事，基因決定的一切我們是無法置喙的，那叫天生；但天賦僅給予一些種籽，想要萌芽，「努力」這把鑰匙才可打開所有的可能。

天賦的確存在，但成功必須付出相應的代價，才會天生我材必有用。

林肯總統，並無過人的天分也沒有優渥的環境，十五歲才有機會識字讀書，但他把握了這個因緣，天天走四哩的森林小路到校求知。

那時候的家中經濟實在買不起算術書，

必須向同學借用，再費時耗力的使用信紙大小的紙片下抄錄來，然後用麻線縫合，自製一本數學課本。

家中需要幫忙所以他的課只能去三天休一天看情形到校上課，知識等同一點一滴求來的。

根據史料，林肯所受的正規教育大約只有一年左右，但他勤於閱讀不向命運低頭，那才是他後來成功的理由。林肯深信，失之東隅會收之桑榆，但要付出必要的代價。

上帝關了這扇門，但會另開一扇窗的，蕭敬騰有學習障礙，也有語言障礙，讀書考試有一定的困難，他的天窗在「音樂」，文學作家安徒生的理科差勁極了，但他的天窗在寫作；諾貝爾物理學獎得主小柴昌浚說：「不要問我考幾分，要看我多努力，因為我的時間全用在思考，實在沒有空把它用來背書考試。」

講得真好，原來世界最好的物理學家之一對於考試一事也未必很在行，這明白了另外一事，時間是不會騙人的，用在哪兒都有好處，但未必或者不必用在分數的爭奪上。

所有的成就清一色全是努力送達的，它才是「信天鴿」。

鈴木一朗比賽前的熱身令美國記者刮目相看，心想這個人提早一小時到球場重複做著單調如一的動作，意義是什麼？多年過去了他們懂了，那叫「尊重自己」；鈴木一朗說大聯盟有那麼多優秀的球員，單靠天分是行不通的，他必須更努力，提早到球場是要讓自己的手臂早一點熱開，登場就是準備好了，這是他備受尊敬的理由，偉大的模範球員的封號是態度贏得的。

李卜克內西是這樣說的：「勤奮就是天才!!」

這句話即使不是百分之百正確，應該也是百分之九十九了，至少人生的寶藏，需要這類的控寶人。

22
尋理

有字書與無字理

書籍是全人類的營養品，生活裡沒有書籍，
就好像沒有陽光；智慧裡沒有書籍，
就好像鳥兒沒有翅膀。
——莎士比亞

知識在哪裡？

威爾遜在一場演講中給出答案：「它在一本書裡。」

「你的演講有如一首曼妙的詩篇」，這是一場演講結束後一位讀者提問，我出口成章引經據典的方法，我的回答是：「多讀！」

魯迅在江南水師學堂求學階段成績優異，學校獎給他一枚金質獎章。他立即拿到南京鼓樓街頭賣掉，然後買了幾本書，又買了一串紅辣椒。每當晚上寒冷時，夜讀難耐，他便摘下一顆辣椒，放在嘴裡嚼著，辣得額頭直冒汗。他用這種苦行辦法驅寒堅持讀書。苦讀成家，後來終於成為著名的文學家。

我沒有這麼刻苦，但確實會省下錢買書，當年從宜蘭員山的山中小鎮北上求學，行囊中最缺的便是銀兩，父親盤點出來我的一天生活費用只有五元，幾乎只能省省的用在三餐，我還是有辦法硬生生省下一塊錢的零用金，聚沙成塔到了一定金額後再從木柵出發，騎著二手腳踏車，抵達大安森林公園，舊址是國際學舍的舊書攤或者更遠一點到光華商場購買老版本的書，完成一日雙城：舊書城。

「得到的全是自己的！」

這是企業學裡關於永續經營的一套理念，他們點出了成就的三個關鍵：學習力、創新力、競爭力。

續航力來自不間斷的學習，不持續作為就會停止成長，學習力最好的方式不是去就讀專門拉攏關係的 EMBA，那是企業的結盟的關係鏈，與本事的養成多半無關，最簡單的辦法還是花一點錢養成閱讀習慣。

知識一旦豐富了便會有「創新力」，一再創新便是競爭力了，人生不是百米衝刺，它是馬拉松賽跑，路途長遠，要有耐力，不要相信贏在起跑點上，只有持續不竭才能到達終點站。

「可以沒學歷，不可沒學問，可以不上學，不能不看書」，這是父親提醒我的話，從未上過學的他，一樣認為讀書很重要，他的學校不在學堂，而是在戲曲中以歌謠形式呈現的野史，我讀有字書，他讀無字理，總之我們是從不同方式的讀書之中得到各自義理。

我們也許不必像顧炎武一樣為了成為一代名儒讀破萬卷書，手抄《資治通鑑》，但認真讀點書做為智慧的鍋底總是必要的。

如何選書？

洛克菲勒說：「書都是有益處的，只要看就行了，它的寶藏比金銀島中與加勒比海海盜掠奪的珠寶還多。」

他說：蘭姆的作品帶給他愉悅，惠特曼的詩給他浪漫，托馬斯與愛默生陪他修行，他最喜歡「有思想」的書，而不是一堆字加總起來的虛構小說。歷史書在他看來是自己的智慧的淘寶網，從中發現歷史慣常是周而復始的輪迴，藉古便可以知今，人類一直重蹈覆轍過去的謬誤，只要多讀歷史，就可以避免重複的錯誤，這個看法確實很有眼界。

歌德也是這樣想的：「經驗豐富的人讀書有兩隻眼睛，一隻看紙上，另一眼看到紙的背面。」

閱讀有字的書，要記得闔上書本闔上雙眼，用心想想其中含藏的哲理，這才是書中最厚實的禮物，英國作家麥考利因而堅信，了解一頁書，勝過閱讀一卷書。

是的，「現實是此岸，理想是彼岸，隔著的是湍急的河流，架了橋梁才是行動家。」這是克雷洛夫的提醒。

23
書房
書需要一個家

一個正常的良好的人家，
每個孩子應該擁有一個書桌，
主人應該擁有一間書房。
——梁實秋

如果有一天畢了業，有了第一筆錢，第一桶金，最想做什麼？

我希望：買書。

有一天你有了自己的第一棟樓，開始要思考隔間，你希望有什麼？

我希望有書房。

「沒有書房的屋子，就像沒有靈魂的軀體。」這是西塞羅說的，羅斯福進一步點出「沒有書籍，就不能打贏思想之戰，正如沒有艦就不能打贏海戰一樣。」

書房裡的書是思考的地基，是該給書一間房，最好取下一個名字，古往今來的名人有書房的都有它的名字。

《三國志》的作者陳壽，書齋叫「萬卷樓」。

詩聖杜甫逃到四川，依附嚴武，蓋起了

「浣花草堂」。

風流女詩人薛濤，寫詩的地方叫「吟詩樓」。

蘇東坡先生一生到處遷徙，心境不同，書房也有所不同，有名的叫「雪堂」、「雪浪齋」、「谷林軒」、「思無邪齋」。

曾鞏時常在他的「南軒」裡寫散文。

二十四孝之一的黃庭堅在「滴翠軒」，讀書治學，差點搶了蘇軾的風頭，秦觀很有意見。

陸游晚年在「老學庵」裡寫筆記，一寫就出名了。

辛棄疾有個「稼軒」，於是有了個「辛稼軒」別號。

瘋瘋癲癲的徐渭，書齋名字倒很雅，叫「青藤書屋」。

名聲不好的董其昌有個「畫禪室」，這裡面的寶貝確實多。

自比東坡的錢謙益蓋起了「絳雲樓」，可惜。不小心一把火，燒盡了。

買不起書的張溥，喜歡抄書，一抄七遍。記性超好，建個「七錄齋」特表紀念。

蒲松齡每日每夜在「聊齋」裡寫著人間鬼事。

曹雪芹在「悼紅軒」裡嘔心瀝血寫《紅樓夢》，改了一遍又一遍。

大清第一才子紀曉嵐常在「閱微草堂」裡寫《閱微草堂筆記》。

湖南漢子譚嗣同，內心很強大，書房叫「莽蒼蒼齋」。

梁啟超有個「飲冰室」。

魯迅的書房叫「綠林書屋」。

周作人的書房，叫「苦茶庵」、「苦雨庵」，都是苦的。

李叔同也有書房，很陽光，叫「晚晴山房」。

他們全相信書房裡的那些書全都藏了魔法！

從古至今，書房一直就是讀書人放牧思想的精神田園，考據證明一事，很多的著名作品與作家名言雋語都是在這樣一間小小的書樓裡完成的，梁實秋的《雅舍小品》無疑是在名曰雅舍的書房裡寫成的。

歌德相信：「讀一本好書，就如同和一個高尚的人在交談。」它甚至等於一位私塾老師，隨手取下就可以無私的傳授智慧給你，法郎士德則把閱讀比方成導遊：「是可以引領讀者的靈魂出去壯遊，隨時可發現名山巨川古蹟名勝深林幽谷奇花異卉。」

如此一來，一間汗牛充棟的書房，便有了成千上萬的私房老師了，比起金庸筆下的楊過，只跟歐陽鋒學了蛤蟆功，掌教馬鈺授內功心法，丘處機傳授劍法，便更有過之了，一間書房等於擁有一間知識練功房，很多家教老師日夜不歇的教授，讓呆愚變成智者便就指日可待了。

如果有一天你有一間房，請買些書，留一處空間給知識的所在——書房。

24
習慣
愛上幾本書

良書猶如良友，精選而稀有，
愈加精選，便愈見快樂。
——柯爾科德

教育家比較老派，他們說：書是智慧的鑰匙。

政治家很權謀：書是時代的生命。

經濟家市儈：書是致富的謀策。

文學家靈性：書是人類的補品。

史學家有遠見：書是進步的階梯。

成功者說：書是人生的嚮導。

迷惘者看見一盞燈：書是心中的光明。

你怎麼說？

出版新書接受電台主持人專訪時，他們問我：何時開始入二手書店買書？

我記憶非常深刻：國一，地點：舊書攤。

買什麼？

第一本可能是《讀者文摘》或《拾穗》，之後是「九歌」、「爾雅」等出版社的作家選集，一本本進到我的世界擴展視野，「志文出版社」的翻譯書成就我的高度。

購書的金援自籌，年節我與弟弟一起騎著單車抵達五、六公里外，靠近宜蘭小公園附近的一間批發店，批發抽抽樂、鞭炮與戳洞得獎的遊戲盒子，便扮起老闆做生意，利潤約有三、四成，收入可以買下幾本書了。

如何讀書？

讀書之道不在讀而在勤，讀什麼不重要，怎麼讀也不重要，最重要的是把它當成一種「習慣」。

一天二十四小時裡一定有一點點的時間會分配給閱讀，因為智慧這件事肯定如刀，愈磨愈光，不磨便鈍了。

「士別三日刮目相看」的故事主角是呂蒙，他是三國時代孫權旗下的一員猛將，孫權私下告訴呂蒙：「你現在擔任我們吳國重要的軍事職位，應該要多讀點書，好增加知識，開闊自己眼界，不要一直以力服人，改用以智。」

呂蒙剛開始的回應是：「沒時間。」

孫權搖頭：「只不過是要你增廣自己的見聞罷了，你若聽就聽吧，可以讀點《孫子》、《左傳》之類的書吧。」

呂蒙聽從建議，好學不倦，一段時間下來的用功，學問突飛猛進，有些見解甚至比念了幾十年書的老書生更高明，就連有名的文官魯肅，也在跟他談論時被駁倒。
魯肅替他高興：「你已非昔日的吳下阿蒙。」
這個典故言簡意賅的點出閱讀的妙用，意旨博覽群書的人自然會起了心思上的變化。
何時讀書？
隨時。
我基本上是一大早醒來之後，梳洗完畢便取出書來讀上幾頁或者半小時一小時，單單一天，這樣的數字是少的，但試想天天如是，累積十年，會不會成了有學問之人了。
簡單的一題數學，便可窺知堂奧，一天讀三千字，一個月近十萬字，一年是百萬字，怎麼可能不啟動思潮？
蕭紅、老舍、魯迅、巴金、沈從文、歌德、安徒生的書，一一讀完，便懂了一些文學。
愛因斯坦、牛頓、哥白尼一旦因書而入了腦，便懂得一些物理科學。
尼采、叔本華、海德格悄悄入列，便有了一些哲學。
如果省下手機滑到手抽筋，桌遊玩到眼脫窗的部分時間，我想所得的空檔應該可以用來充實學問美化人生了。

25 問道

學與術要合而為一

知識像天空中絢爛的太陽，萬道光芒篩落了生命，
也投下了力量。
——丹．伯斯特

我的書桌有段間一直擺放著馬祥原的《零點一公分的專注》，他是一位修車技工，但人生充滿傳奇。

二十歲前他相信讀書無用論，他對唸書一直提不起興趣，即使有讀也考不好，更增添了挫折感，當時只想趕快出社會，直接工作，便進了鈑金這一行，由於有興趣便深入研究，技術精進，屢屢得獎，長輩鼓勵他：「你技術到達一個階段了，為什麼不補足學業？」

正巧遇上瓶頸，發現明明知道有一條路可能是捷徑，但知識不足，只好硬著頭皮繼續繞道而行，終於想通關鍵在智慧，因而決定繼續求學。

從中發現一技之長與學術並不衝突，它不是兩回事而是一件事。

「學」、「術」是在一起的，意思是，知識是一門技術，技巧也是一門技術，而他不過是「術」之後再「學」而已。

知識的好處在於，如果你愈豐富，思考就可以愈廣闊，遇上困難，即便此路不通也可另尋出路，有了知識也才有足夠的判斷力，人家便愈騙不倒你，更重要的是，因而學會把艱難的事變成更簡單可行。

年輕時的他可不是這樣，一度覺得會做就好了，理論並不重要，但是，走過千山萬水之後，非常同意，學技術的人絕對不能只有技術，尤其是跟你的行業相關的周邊知識，一定要儘量吸收，能學多少是多少。

一技之長＋知識當底，便會是東方不敗，兩者缺一不可。

知識哪裡求？讀與問是兩條途徑！

每天都讓自己有一些時間靜下來，博學廣問一番，便可以從中得到一些火花，點燃火苗，進階到了另外一個境界，否則畫還是畫，頂多是畫家，不是藝術家了，差異就在知識，有知識的人可以讓畫講話，作家亦復如是，文字中沒有哲理就是一堆字而已，無法妙理人生。

簡單便可得取的書，約莫只要二、三百元而已，少於三九九吃到飽，但嫌貴的卻不在少數，掏錢購買的便就少之又少了。

書裡的知識當然不是唯一，不可盡信，愛因斯坦的相對論，牛頓的萬有引力……這些知識不是讀來讓人佩服的，真正的意義是啟人思考，借用前人的智慧，讓它變得更深更廣。

有一回我到師大演講，結束後已九點多，一位學生一直跟著我沿著階梯下到了地下室，沿途問了許多人生問題，最後站在我的車子旁繼續提問，那一天我回到家已近凌晨，我給了這位好問的學生一個無私的傾囊相授，那一天他或許有了一甲子功力。

問這個字是一個門加上一個口字，意指用嘴巴問出了門道，你愈有心汲取的便是湧泉。

「問」因而像一把知識的鑽子，把別人花了幾十年得到的智慧，用它把知識探勘出來，成為自己的法門。

讀書讓我從中學習到了很多東西，提問像一條捷徑，行到水窮處坐看雲起時，懂得學與問兩事，應該離學問就不遠了。

26
解謎
不變與變的道理

一切都是謎，一個謎的答案是另一個謎。
——愛默生

「做學問要在不疑處有疑，待人要在有疑處不疑。」

胡適的意思是，別人認為沒有問題的地方，你要發覺到異狀，這才是學問之道；大家認為可疑之人，沒有證據，都應該相信不疑，這才是朋友之道。

不疑處有疑，有疑處釋疑，如果可以一直保持這樣的認知方式，假以時日便成大器。

用《易經》來解讀，就叫做變。

懂得時時變通才是不變的義理，這宇宙沒有永恆不變的事，盡信書不如無書，很多過往的神蹟，如風動石，不過是現在的自然現象，山林中的鬼哭神號聲原來只是風切；而今很難理解被當成真理的事，難保一百年後便是尋常的事，穿梭時空現在不可能，一千年後呢？也許天天都有人穿梭時空，質能可以馬上互換了。

沒有正確答案才是正確答案，如此一來就可以從一個盲從的信仰者變成了解謎人。

世上有鬼嗎？

有或者沒有，都不是好答案，解謎的人會用思辨，而非人云亦云。

一九八七年，一張疑似靈魂出竅的照片，在科學界引起一陣波瀾。這是墨西哥心靈學家胡力安．馬爾薩斯拍到病人死亡前一剎那，有一道白色的光芒從人的靈台破繭而出的畫面。

他稱它為「素粒子」，也就是所謂的靈魂，他假設它是存在的，死後會從人的體內跑出來，尋找一個寄宿的身體，也就是轉世投胎，剩下的魄，這具軀殼不久就會腐壞。

人往生後軀體腐壞，靈魂離開再去找著下一個寄主，這就是西藏的轉世之說。

人真的可像電視一樣嗎？殼子與主機板的晶體是分開的，換掉殼子或者主機板就是再生？這個假說真有其事？素粒子如何證實？

由七個靈魂學權威的醫師、心理學家、科學家組織了一個研究團體，製作一套測定器，用來證實人死後是否真的有靈魂的存在。

他們假設，素粒子是物質，那麼應該有重量，離開人的肉體體重應該有所改變，這個改變的數字可能就是靈魂的重量。

一九九六年秋天，這群靈魂學權威測試了一百位瀕臨死亡者臨終前後的體重變化，得出結論：

人類死亡時，水分和瓦斯會從體內釋放出來，將這些因素扣除後，重新計算人體死前與死後的重量，赫然發現前後大約相差三十五公克，這便是靈魂的重量了。

隔空抓藥有可能嗎？

猜測永遠不會有答案，為了求真就要設計出一套足以證明有另一個空間存在的可能？隔空給藥的是地球上沒有的質？還要解答它們如何穿越時空，是用質能轉換或者用光的形式？

這些謎題如果都可以一一得到解答，保證可以榮獲三次以上的諾貝爾物理學獎。

查爾斯．蘭姆說：「不可以過多相信，他會限制自己本來擁有的那一部分的思想。陷入到別人的思路之中，就如同在別人的庭園裡一樣會迷路，也像一個身材高大的僕人攙著你走路，他步子大，你步子小，非常吃力。」

是的，不要只有相信，讀書要求慎解，不二法門叫做：「思考」，人生一直存在謎團，你要有足夠的能耐，才可能是解謎人。

27
義理

有志有識有恆

有志則斷不甘為下流，有識則知學問無盡，有恆則斷無不成之事，此三者缺一不可。
——曾國藩

光明磊落之士，與躲在暗角裡偷雞狗之徒很有可能都是讀書人，但前者是知識分子，後者則是偽知識分子。

知識分子會用「利他」的角度出發思考社會利益，但那些政客型的讀書人則是利用知識從「私心」的角度無節度的謀奪自己私利。

只是如果讀了書，有了名位之後，無法像三十年代的老作家巴金一樣，在《隨想錄》一書中，用反省的筆調「說真話」，哪算什麼文人？

讀書人的最大悲劇在薩依德的眼中叫做「為政治服務」，站在殿堂制高點上卻把良知蒙蔽，像鷹犬一樣巧言詭辯，便是曾國藩最不屑的無志之人了。

「有志」的人一定是有膽的，敢站在第

一線上跟權貴者抗衡，他們知道什麼當為，什麼不當為，不會隨波逐流成了叩頭蟲，曾國藩家書中提及的有志，指的便是這種有大志向不會甘心做一個小人物的人，而是懂得持續奮鬥，屢敗屢戰，直到成功。

沒有志向等同沒有人生方向，如海中孤舟很容易隨波逐流，可能沒什麼本事的普通人或者唯利是圖的小人。

「有識」指的膽識過人，這些年我們為能源環保的議題爭得面紅耳赤，但有幾個有專業知識、有良知的人敢站出來與李高佛一樣大膽放言：「汙染的真正問題就是石油、天然氣、燃煤等高汙染的化石燃料能源，那些在十八世紀工業革命之後都該全面結束東西，怎麼會留到今日。」

美國出動各式各樣的人與方式到世界各地用雷同的方式取得了油田的所有權，說穿了就是綁架了，借貸或者投資，一時半刻回不了本，即使這些東西已不合適二十一世紀地球岌岌可危的年代，但有錢可使鬼推磨，財團一再關說，政客為利益者護航，大國本身把京都議定書當耳邊風，有多少有識之人挺身而出為正義護航？這樣的知識分子比率其實是出奇的少。

「有恆」應該是恆心毅力的意思，這話說來容易實際上做便很難，每天閱讀半小時，能做到的不到百分之十，天天運動一小時，能做到的也只有百分之七，顯見持之有恆有多難得。

大哲學家蘇格拉底出了一題看似簡單實則很難的問題詢問學生，每天雙手上下擺動三百下，並詢問能堅持下來的同學舉手，結果百分之九十以上的人都說可以。過了一個月，再度詢問有堅持做的同學舉手，只有剩百分之七十多。一年之後呢？只有一個人舉手，他就是後來的哲學家，他的得意門生柏拉圖。

堅持真的很不容易，但能堅持下來的便會是贏家。

發想是一回事，做又是另外一回事，事實上我們一直都有許多發想，欠缺的往往只有實踐而已。

曾國藩家書裡的讀書人三願如果做得到，大約便離雪萊的格言不遠了：「但願人的思想只跪在『理性』底寶座前的膜拜，因為那才是它無畏的靈魂，它的主宰，所尊奉的寶座！」

28
結果

智慧的果子是慢慢成熟的

善於等待的人，一切都會變得來得及。
——巴爾扎克

育苗：將咖啡豆植於苗圃後，約一個半月到二個半月就會發芽。當幼苗長至三十～四十公分時，就可以移至土壟。在不會受到陽光直射的地方繼續栽種。

成樹：長成的樹苗移至農地繼續種植。大約三年就會長成並開始結果。自第四年開始，產量逐漸增加，妥善照顧可以持續收獲二十～三十年。

開花：咖啡樹在長成之後，會開出純白的花朵。小巧的白色花朵，其特徵就在於像茉莉花的香氣，讓農園籠罩於白色的花朵和甜美的花香中。

結果：在花朵凋謝後，就會結出綠色的咖啡果實，靜待六～八個月後，果實開始豐滿，慢慢的由綠色轉變為紅色。

採收：運用大批人力，一顆顆以手工摘

採。高處較難摘取的果實，就利用梯子加以輔助，或是搖晃樹枝來取得果實。大多數的產地在採收時，都是選擇手工摘採的作業方式。

精製：咖啡豆主要的精製加工方式分為水洗式（washed）跟非水洗式（natural）二種，乾燥方式則按照氣候條件，大致分為日曬乾燥與機器乾燥等方法。

手工分揀：生豆在經過分選機挑除外觀不佳或是有瑕疵的豆子之後，還會根據生豆的大小、外形以及比重再分出等級。之後還會再一次的以手工方式，進行更精細的分揀作業。

最後成了你在咖啡店中的優雅啜飲，一杯花了三十五元或者一百三十元不等的費用購得的飄香，一杯平凡無奇的咖啡，背後其實就蘊含著非常深奧的哲理，我們卻可以花幾十元便可購得，花幾百元便可從一本咖啡經的書中得到他們積累的智慧。

簡單的過程，並不簡單，首先你要學會尊重律令，沒有任何一件事可以急得的，急不得就必須學會等待，春耕夏作秋收冬藏說的便是一種時機，三年就是三年缺一不可，十八歲做不了十八歲的事，要等，但十八歲便可以做到十八歲做的事了。

空等這件事不是事實，每一種等待都是有意義的，即使失敗了也會是一種美好的經驗，可以換來下一回的成功。

人生看來本是一個不斷等待的過程，從中得到相應的經驗、閱歷與知識，這才是有力量的，再來是繼續下一個等待。

托爾斯泰說：「預期的等待都是甜蜜的，未知的等待才是焦慮。」

早上五點前起床，第一件事是閱讀，天天讀了三千字，一年可以讀十萬字；如果我讀的都是哲理，一年就可能很有哲學味，十年也許就像哲學家了，這是我一天慣常的奏鳴曲。

很難？

但養成習慣就不會太艱難。

如同刷牙一樣，天天如是，一定如是了。

還要做筆記!!

我不相信一個人的腦裡可以藏盡風華，必須借用筆記本，把它寫了下來，做為忘記時的依憑，寫作時把筆記本放在身旁，時而翻上幾頁，便得了一些珠璣了。

3C的年代更方便了，如果手機不只是用來滑的，也就可以用來記錄想法，最後交給等待，等它俱足因緣之後換來人生風華。

第 三 篇

人品勝過本事

蘭心蕙性、蕙質蘭心、雅人深致、淵清玉潔、至誠高節、冰壺玉尺等等全是比喻人品高尚純潔的詞彙，聽起來就很舒心，反之遇上了居心叵測、忝不知恥、為虎作倀、飛揚跋扈、師心自用、落井下石、趨炎附勢等等人品的人應該便不會太過舒坦了。

長庚醫學院入學甄試曾使用過一個「情境題」，讓喬裝的清潔人員在面談時心肌梗塞倒地，用來觀察學生的反應，這個情境題想找的是「華佗」、「扁鵲」型的良醫，而非分數優異者，因此仁者勝過智者。

孟子是這樣談仁的：「仁，人心也；義，人路也。舍其路而弗由，放其心而不知求，哀哉！人有雞犬放，則知求之；有放心，而不知求。學問之道無他，求其放心而已矣。」說的多好。

這個社會需要更多讓人放心的人，

醫生有仁，看病放心

老師有仁，上學放心

商人有仁，買物放心

司機有仁，搭車放心

……

具備了仁這個優雅特質，有權力的政治人物就會變身成為讓人放心的政治家，師心自用的無仁之人，便會成了讓人吊著膽的政客。

仁的白話釋義便是人品吧，在德國德州儀器總裁兼執行長佛瑞德・布希的眼中是最重要的關鍵元素，他在〈我們如何甄選高階主管〉一文清楚指出，「誠信」絕對名列公司取才的榜首。

經理人員即使很聰明、有創意又很會替公司賺錢，但如果他不誠實，則他不僅一文不值，對公司反而是相當危險的人物。他對誠實所下的定義是，當經理人發生難以預料的事情而無法達成承諾時，必須儘可能通知對方，解釋未能達成的原因，並竭盡所能去減少對方的損失。

企業最大的資產是人才，一旦用人不當，人才便會成了負債，一九九五年，一位年僅二十八歲的霸菱銀行新加坡分行期貨交易員李森，短短不到三年內，以偷天換日的手法，進行不當交易，讓長達兩百三十二年歷史的英國霸菱銀行倒閉，最後以一英鎊的象徵性價格，被荷蘭ING集團收購。

二〇〇三年五月十一日，《紐約時報》刊登一則令人震驚的道歉啟事，替該報二十七歲記者布萊爾抄襲及杜撰新聞一事，向所有讀者及相關人士致歉。雖然《紐約時報》勇於認錯、扛起責任的態度值得欽佩，但這個事件已足以讓百年金字招牌受損，因為連全球公認最好的報紙都有作假的新聞，媒體如何能再取得讀者的信賴？

這些屢見不鮮的案例被簡單化約成人品的危機，品德雖說無法量化，似有若無，但卻是絕對重要的競爭力。

董事長這一席話我印記最深：「我不懷疑你的能力，但是卻不看好你的人品。」

這是我在演講之後與一位老闆吃飯聊天時餐桌上的一句對話，他應徵不少求職者，不乏名校高學位的畢業者，有些人為了得到這一份工作，會吹捧自己的能力說得天花亂墜，他是最後一道把關者，看的是人品，如果無法錄用也會語重心長的告知，能力學了就會但是人品未必，它是一個人的底線，人品正直，困難便是直線，人品不正，人生便會困難重重一直處於彎道。

《左傳》中的三不朽是：立德，立功，立言，立德居前。

我非常喜歡的著名的文人季羡林老先生說的一段話：「人品，才是最高的學位。」

懂嗎？

請再想想。

29
善心

心地善良勝過聰明絕頂

與其說是為了關愛別人而行善，
不如說是為了尊敬自己的善良。
——福婁拜

羅斯福總統家中失竊，損失慘重時，朋友得知寫信安慰，他文情並茂回了信說：「親愛的朋友，謝謝你的安慰，我現在一切都好，也依然幸福。」

信中他是這樣寫的：

感謝上帝，因為：

第一，賊只偷去我的東西，沒有傷害我生命。

第二，賊只偷去我部分東西，而不是全部。

第三，最慶幸的是，賊是他，不是我。

羅斯福還說那個人一定有些難處吧，這是他的幸福公式，豁達的解讀不幸的事。

俄國作家契訶夫說過相似的話：「如果你手上扎了一根刺，那你應該高興才對，幸虧沒扎在眼裡。」

他們是阿Q？或者是慈悲者？

有一天，我閒晃離家不遠的政大書城買了七本書結帳後，走出了大門，遠遠便看見一位衣著樸實但很乾淨的中年人賣力向路過的人介紹一本雜誌，表情是誠懇的，但手法很生疏，一看就是新手上路。

我慢慢走近，在視野內發現是我熟悉的，主力銷售員是街友的《大誌》雜誌，它是一本雜誌，也是一本為了助人藏著洋蔥的行善介質，於是花了一百元買下並祝他好運。

刻意在四月一日愚人節創辦的雜誌，創辦人提示我們那是一種傻瓜的精神，用心良苦的執念。刊物的主要通路就是透過我眼前看見的街友販售的，給他們自力更生重新站起的能力，只有部分在獨立書店少量販售。

他們定期招募、訓練街友成為販售員，並且提供協助服務，販售據點以台北市各交通樞紐處為主，公司將街頭販售員安排於流量前五十的捷運站出口外圍販售，雜誌每本售價一百元，批價為五十元，街友得五十元。

街友及弱勢族群因而得到一個自營生計的機會，讓他們重建個人信心及尊嚴，重要的是，街友因而取得了生活的主控權。

手上的一百元其實是我的舉手之勞，但卻可能是他們的全部，如是一來那百元小鈔便成了意義深遠的善舉。

很多人告訴我沒有錢怎麼做善事？

這是我們對錢的錯解，很多善念善行未必要花很多錢，有時十元，有時二十元，或者五十元、一百元，因為善心最需要的是心動之後的行動，便會有著助人的溫度了，不見得是一桶白花花的銀子。

亞馬遜CEO傑夫．貝索斯二〇一〇年在普林斯頓大學畢業典禮上演說上說：「善良比聰明重要！」

因為聰明這件事是與生俱來的天賦，我們沒有決定權，你只比別人聰明並沒有什麼特別之處，但是善良就是後天調和的，需要精心學習，很特別了，得開悟並且用時間長期的烘焙，必須學會設身處地替人著想，才會實踐最利於人的說法與作法。

天賦並非不重要，但空有天賦並不會變成社會上的有用之人，必需加上了慈悲，才會利益眾生！

醫生＋善良＝華佗

老師＋善良＝教育工作者

電影＋善良＝啟人思考的哲學思考

盧梭格言上說：「善良的行為有一種好處，就是使人的靈魂變得高尚了，並且使它可以做出更美好的行為。」

善念善行可以讓人變得更有高度，往台上一站就會有感染力，一個十元並不稀奇，就是十元，一百個十元呢？就是一千元，但一百萬個十元呢？應該便是力量了。

一人出一萬元很難，但十元呢？不難。

「把你的燈提高一點，好照亮更多人的路。」

這是海倫凱勒的善的高度，善心人如果是你，站了下去煽風點火一番，甘露便可能從天而降，不但給受施的人幸福，同時也給施與的人幸福。

30
人品
一生受用的王牌

人的四分之三是品格！
——安諾爾

前文我們提過的查克菲尼本身也是一個大富豪，但卻顯得很平凡，與太太居住在美國舊金山的一套一居室的出租屋，沒有自己的小汽車，外出通常都是乘坐公共汽車。公文包是個布袋，沒有穿過名牌衣服，眼鏡破舊不堪，佩戴的手錶也是從地攤上買來的。最喜歡吃平價美食烤奶酪和番茄三明治，如果你和他一起到小酒館坐坐，他一定會仔細核對帳單：如果你住在他家裡，睡覺前他一定提醒你把燈關了，所有作風像極了一個貧窮而吝嗇的美國老頭？

令人驚訝的是，他省下來的那些錢做的是這些事：

捐給康乃爾大學五．八八億美元，加州大學一．二五億美元，史丹福大學六千萬美元，再投入十億美元，改造、興建愛爾蘭的七所大學和北愛爾蘭的二所大學，因為他相信知識可以決定很多事。

迄今為止，他已經捐出六十億美元，還有四十億美元等待捐獻，行動在持續中，他就是對己吝嗇對人大方，喜歡用努力賺錢來幫助別人的人，不像很多富有的人捐錢的高調，他的行事低調，是那種刻意匿名的慈善家。

他認為人生是不公平的，很多人與他一樣努力但賺不到錢，而他正巧是幸運的那一位，所以決定幫助他人：「誰建起樓房並不重要，重要的是樓房能建起來。」意思是，不用去想到底誰捐的錢，它本是賺來用的，用在刀口讓人幸福就是好事了。

有人這樣區分他與比爾蓋茲、巴菲特等人的不同，這些慈善家算是「榜樣」，但查克・菲尼則是「老師」，因為他同時教導了所有的富豪們享受生活之餘莫忘了同時做出饋贈。

法國思想家孟德思鳩說：「私下沒有人發覺的時候做的事情才是真正的人品！」

金剛狼休傑克曼應該就是其中一位受他影響的人，演員之外的新角色是自創咖啡品牌Laughing Man的經營者，因緣是他跟著世界展望會來到衣索比亞，認識一位當地咖啡農Dukale，他發現這位努力工作的辛苦者，只能得到微薄的收入撐起家計，即使最優質的衣索比亞咖啡，因為無法接觸外界市場，辛苦耕耘換來的也只是勉強餬口度日。

休傑克曼因而深受感動，決定利用他的知名度幫助衣索比亞的咖啡找到出路，他經營通路行銷，透過和咖啡農合作，讓咖啡有了正義，休傑克曼受人喜歡的理由不再只是明星，而是慈善家了。

錢有刀背兩面，林則徐的名言：「子孫若如我，留錢作什麼，賢而多財，則損其志，子孫不如我，留錢作什麼，愚而多財，益增其過。」

錢沒有用在有意思的事情上就會發生這樣的事；一輛美得吸睛的，超酷的藍寶堅尼呼嘯而過，之後停在一間超市前，走出來的是一位二十多歲的年輕人，我忽而倒抽一口氣，不由自主說了一句：完蛋。

這輛車是他自己用辛苦努力所得買的嗎？應該不可能，父母送的？可能。得之容易的金錢他會在意與珍惜嗎？不會，這便是富二代的悲哀，他們養成了予取予求的惡習，萬一家道中落怎麼辦？

金錢的擁有不是可恥之事，但若可修得慈悲心，金錢就不一定用在物慾上，而是會使之成為更有味道的善心慈悲了。

31 高度

很多一公分加起來就是一種高度

砂石裡可以淘出金子，汗水裡可以找到幸福。
——維吾爾族諺語

老師：「你怎麼懂骨董？」

這是讀者問我的一段話，很想知道我收藏一櫃子古玩的來龍去脈，我用「骨董給我什麼？」這個角度切入回應。

我收藏骨董但不是鑑定家，前者只需花錢但後者要懂真假，才不至於白花，俗世投資的眼光來論斤秤兩的，看見的只是價格，但我找著了它的稀奇之處在於「歲月」，時間沒有把它們轉出目光之外反而留下它們見證了過去，它身上刻畫出的容貌，含藏了歷史；風霜的背後是一條有味的文明進化史，這是骨董吸引我的地方，我因而成了智慧的考掘者。

我像偵探，慢慢用自己的步調追查物件中藏著的知識，一把劍，我從干將莫邪，春秋戰國一路追到武俠中的倚天屠龍，查考文人劍與武人劍的不同；一口鐘，我看見了匠人的手藝，機械的演進，它像一條知識絲路一樣載運了很多以前不知的歷史……

這便是骨董的奧妙之處，我因而查出了滿腹經綸。

教育這門專業我也因為它們而有了更深一層的醍醐灌頂，明白「技」與「術」原來是同一件事。

「技」是匠人的技巧，但事實上我們每一個人都是匠人，像我是寫作的匠人，手作者是手作的匠人，廚師是廚藝的匠人，教授是教書的匠人……，都是一種職業，只有在業界做到精巧的人才會被叫做「達人」，父親輩的人說有能力的人叫做「有本事」。

匠人到達人之間的距離叫做「時間」，德國除了咕咕鐘之外還有一種著名的手作：德國娃娃，夜市陶瓷娃娃在材質上可能與它沒有太大差別，可能連陶土的成本也差不了多少，但夜市是十元／五十元，德國要價三萬元，差別在哪？德國對匠人的尊重與態度，他們相信手作不是之一而是唯一，每一件都不同，所以用「價值」計價，德國咕咕鐘很貴的道理亦同。所以他們可以靠它生活，再經由歲月的刻磨成了業界的翹楚，達人是也。

我收藏一件編工極好的台灣藤編座架，美不勝收，當初應該賣不了幾塊錢，即使現在是百年老骨董也不值錢，因為它被人看見的是「價格」。

價格永遠局限在成本，買多少賣多少的蠅頭小利，但讓人眼睛一亮，必須是腦子裡的「創意」，它叫價值。

是的，價格與價值只是兩個名詞，生動畫出匠人與達人的不同。

我離開大學的那一年班上辦了一場謝師宴，老師要求每一位學生說說未來願景，我說：「明日看我」，豪氣干雲的四個字，乍聽是吹噓，卻是動力，因為我知道自己就是貴人，只要方向對了，勇往直前，不畏艱難，應該可以擁有一片天，成為自己的貴人。

十元硬幣多厚？

一．八八公釐。

三百個？

五十六．四公分。

一百萬個呢？

就有「高度」了。

我不是古物專業畢業，也不是富可敵國的收藏家，但我對它們的理解比人多了歷史、人文、美與文化的高度，非常不同，因此被報紙相中寫了六年的「古玩」專欄，貴人不是主編，而是我自己。

32

誠信

它是一粒璀璨的寶石

使一個人值得信任的唯一方法，就是信任他。

——T·傑弗遜

第二次世界大戰爆發期間，德國爆發空前的慌亂，湧現出走潮，專為顧客保管貴重財物的巴比納信託行，出現擠兌，且紛紛取走保險櫃中的財物，四散逃難去了。

老闆跟著也逃之夭夭，只有雇員西亞堅持留下清點帳目，發現一個叫萊格的顧客還沒有把一顆價值五十億馬克的紅寶石取走，戰火下，西亞只好把寶石和所有託管文件放到一個小盒子裡跟著四處流離，戰爭結束，西亞委託政府尋找紅寶石主人，多方艱難下找到了萊格的孫子道爾。

道爾拿到寶石，答應將寶石賣掉後一半給西亞，但他婉言謝絕，只收取保管費用。

西亞的事蹟登上了報紙，幾家公司找上門，要求買斷西亞的名字命名信託公司，最後柏拉圖信託公司以八十億馬克的天價獲取他的冠名權。

一個名字可以如此「有價」？

柏拉圖公司總裁說：「對，那是誠信的價值。」

台北有一間老茶行以不試茶聞名，記者好奇前往採訪因而結為忘年之交，沒事就來找「茶」，老闆說，試茶是騙人的，試的時候端出好茶，香氣在齒縫裡流竄，但賣時換成劣茶，那麼試不試何用？

真正的好茶在他看來必須是「用心」的，「站在對方的立場」設想，以「誠信」當基底，最後讓人覺知「我斷過的就是好茶」。

茶行是一間老式的木建築，中間挑高處高懸一方牌匾，大約是清光緒期間先輩老茶人留下來的，寫了紅色金邊的「誠信」兩字，有一年颱風夜門被吹開，匾額因而失竊，焦心的老闆四處尋找，記者有些門道答應幫他找找看，只是這一個承諾虛懸多年毫無音訊，茶行的老闆等不及好消息提前往生。

出殯前夕，記者意外得知匾額消息，親身前往骨董店採訪，確定是老人家失竊的牌匾無誤，花錢購回，出殯當天放在靈堂上，兒子喜出望外，問記者花了多少錢？他拍拍家屬的肩膀：「誠信無價。」

「一諾千金」是二千年前的司馬遷在《史記．季布列傳》裡提及的：「得黃金百斤，不如得季布一諾」的故事，這種信諾在現代被視為老掉牙的東西，不知這種無形財富最為值錢。

我的電腦中儲存一組二十二張拍自印尼最遠離文明的原始土著部落的相片，攝影師用毫無雜念的心思拍出這些人單純生活中的唯美心性，即使衣不蔽體，也未彼此擔心，那是初心，也是信任。

他們要求簡單，慾望簡單，什麼都很簡單，連信任都很簡單。

但簡單啊，真是不簡單。

我們受了教育有了知識之後，反而都變得太過複雜了。

池田大作提醒我們：「費了十年工夫積累的信用，往往由於一時的言行而失掉。」

信用是人的第二生命，他認為做生意寧可損失錢，因為再賺就有，也不可損失信用，因為它像一面鏡子，破裂了就可能永遠無法再復原。

33
貼心

站在父母的立場思考

愛是美德的種子，可以換來很多東西包括貼心。
——但丁

人無法選擇自己的出生，但我很幸運能生長在充滿愛的家庭，爸爸的愛從來都是用滿滿的行動證明。依稀記得約莫六七歲時，那時爸爸還在報社上夜班，總是在我放學前出門；入眠後回家，平日總碰不到面。有天我問媽媽：「為什麼都見不到爸爸呢？」沒多久，爸爸便辭去工作，成為了真正的自由人，更貼近了他的理想，當個自由自在的慢活實踐家。

往後的每一日，都是在父母緊密的陪伴下成長，每個夜晚，全家都會聚在一起玩牌、下棋、閱讀，偶爾一起打電動，每逢假日，爸爸就會開車帶著全家遊山玩水，每逢假期，爸爸一定會安排旅遊，我擁有的童年，是極度溫馨幸福的。

高中就讀的學校距離家裡甚遠，一起床

就是分秒必爭，完全沒有時間自己準備早餐，而爸爸就會用他的奇特食譜，為我特製愛的早餐，最常做的兩樣是：吐司夾蛋夾苜蓿芽及吐司夾青江菜炒肉絲。

到了學校，我總是對著那內餡已和吐司糊在一塊；口感不甚美味的早餐，思考著我該忍著不佳的口感，不愧對爸爸的用心吃完，還是就等午餐時間過後餵食廚餘桶呢。矛盾的情緒每天上演著。

在英國讀書的時候，相較於媽媽規定我每週都要撥視訊電話給她，和爸爸視訊的次數似乎不超過五次，我知道思念讓他只要看見身處異地、遙遠的女兒，就會鼻酸。因此在英國和爸爸的互動幾乎是偶爾傳傳訊息關心：

「好嗎？

都好！

就是太想妳了這點不好！」

而在類似這樣的對話下結束。

從小爸爸就不曾左右我的人生，而是希望我將自己的人生演好，對於熱愛的、渴望的，就用力去追逐，他都支持且永遠會做我的後盾。

畫畫這條路，如果沒有爸爸的全力支持，當我的墊腳石、作我的踏板，現在的我可能也不會再揮灑畫筆了吧！

對於爸爸，我的內心著實充滿了滿到不能再滿的感謝，期待接下來繼續和爸爸創造出更多動人作品。

祝我的上輩子情人，父親節快樂！

這是父親節女兒寫的一篇文情並茂的動人文章，她看見二十多年心血結晶的貼心種籽，知道我們要的不是厚重用錢換得的禮物，而是一顆藏著愛的厚度的心，一枝筆一張紙寫下了溫度。

年輕時多半不會懂，但種籽種下及至萌芽，一定都會懂吧。

女兒的信讓我思念起父親，我一度不懂他，歲月淘洗，人生才如詩一般化開。

父親吃魚的方式很獨特，把媽媽紅燒上桌的一條魚，分成三個部分，頭、尾、身，前兩部分是他與媽媽分食，像得了專利一般，豐富有肉的身體則是我與弟弟的專用，父親一直吃得津津有味，以至於我一度誤認頭才是魚最美的部位，年長之後，慢慢理解那不是好吃也是有愛，頭的主結構只有骨頭，它是重要器官，一堆尖銳的骨頭環伺，必須小心翼翼，父親的魚頭任務，藏滿父愛，怕我們誤食受傷，把有營養的魚身給了我們。

父母好像都是這樣，愛全是「無限卡」，兒女盡情提領，屋簷下的交會使我想起了羅曼羅蘭的「愛是生命的火焰，沒有它，一切全成了黑夜」，父親火焰般的愛，其實並不熾熱，而是用冷淡包裹，悠悠長長的，他還給它戴上了面具，我漸次用歲月脫下了它，面具的背後是關愛。

是的，終究會懂，但父母啊，總是希望年輕的你們早一點點懂，至少在父母還來得及享受天倫的時候，讓他們看見美好的模樣。

這個不難，只要多想父母對你的好，便可貼心明白他們有多好了。

34

厚度

處事的加分題

做人處事經常保持設身處地，仁慈、寬厚，
就可以避開很多厄運。
——巴爾扎克

非洲命名為「凱薩琳蚊帳村」的小村落，感謝的是一位五歲小孩的義舉。

凱薩琳五歲的那一年，在電視上看了一部關於非洲的紀錄片，主持人說每隔三十秒鐘就會有一個小朋友因病而死。

她問媽媽：「他們怎麼死的？」

媽媽輕描淡寫的說：「瘧疾。」

病媒是蚊子。

防蚊子最好的方法是蚊帳。

但非洲人沒有錢購買蚊帳？

誰很有錢？

她想到微軟創辦人比爾蓋茲，寫信給他開頭便說：

據說錢都在你哪兒？

她要求比爾捐款給非洲孩童買蚊帳，幫助他們度過瘧疾難關，比爾蓋茲慨允三百萬美金，凱薩琳因而解救了超過一百萬的非洲孩子。

凱薩琳蚊帳村，因而誕生了，小女孩現在不是五歲了，但仍在做公益。

這是五歲孩子做的事，但五歲時的我到底在做什麼？

我可能已經陪父親到田裡做一點小事了，隔壁村子的花生園收成時我被差遣到河灘的沙地上，挖拾農人遺漏在土裡的花生，拿回來讓媽媽鹽炒花生，或者一早醒來替父母餵雞鴨豬鵝等等牲畜，五歲時我家的郵政代辦所已經營業了，那一年我才識得幾個字，從坐櫃台賣郵票開始，邊看邊學，六歲就得像宣統皇帝被逼上位辦理掛號包裹等郵政業務。

你呢？

應該上了幼兒園，美語班……為不能輸在起跑點上，努力打造一套以後未必用得上的黃金計畫，至於「先天下之憂而憂，後天下之樂而樂」的不切實際願景，頂多後來讀書時讀到的一句話，了不起知道它是范仲淹說的。

大約同樣的年紀，九歲的菲利斯卻已花了三年時間在德國種了一百萬棵樹，十歲的凱莉則因她的機警在南亞大海嘯時救了許多觀光客。

世界最年輕的諾貝爾獎和平獎的得主馬拉拉，她用一枝筆，一個堅持利人的理念改變世界。

看來人是可以早熟的，只要給機會，我們便同樣可以展開翅膀如老鷹一樣飛翔，而不會讓牠如被人類馴養的雞鴨收起了會飛的翅膀，有天只被用來吃的。

同樣撒下了種籽，但只要發芽長成小苗，或者有一天變成一棵大樹？自己可以決定一二，也許我們未必都有一位具有同理心的父母，可以如同教育家一樣懂得引導孩子提早看見人生的另一個面，但是這些故事之中如果可以得到啟發，懂得角色易位替人著想，同樣有機會形塑出約翰．甘迺迪的同理心：「不要問國家能夠為你做什麼，要問你自己能夠為國家做什麼。」

有位華裔美籍的商人，公司每年的淨利約有二百多億台幣，他把百分七十分給員工，每年每人的紅利約有二百多萬元，人人笑呵呵，記者問他會不會有人說他為何這麼笨？他說當然有，畢竟那是一手打造的公司，但他覺得自己很聰明，一來他設身處地站在員工的角度設想，這麼累在幫我工作不是要多得幾個錢嗎？他有能力多給，他們便會自動努力，站在公司的角度設想，我們雙贏。而他則無事一身輕的逍遙到加勒比海垂釣，去北極探險，攀登山峰……有何不好？

同理心讓這家公司完全不需要ＣＥＯ，因為每一位員工都是經理人了。

35
用心

一套難以言傳的溫柔力量

為自己而做不是最高的德，不斷的為人民服物，為人類的愛而工作才是高尚的。
——甘地

德雷莎修女在印度期間幫助窮人，為了貼近他們，所穿的衣服都只花一塊錢，在超市買的，住家只有一張桌椅、一具電話，沒有接待客人的沙發或椅子。德雷莎修女的理念是：窮人也要有尊嚴，當你穿著像窮人，同時也過著窮人的生活時，受扶助的人才會覺得有尊嚴。

被喻為印度比爾蓋茲的普雷吉捐出的錢已逾八十億美金，但他自奉愛儉，穿平價衣服，吃簡單的伙食。

我認識一位賣魚的，店面是一台冰櫃，澎湖來的現撈鮮魚經常一入櫃便出櫃了，空空如也，令人刮目相看他的銷售功力。

他的魔法不是SOP，而是貼心。他說：吃進人家肚子裡的東西要用愛，不是售出得錢而已。

從捕撈到下船冰存他都要求對方認證，拍下相片，保證新鮮且口感一流。

他喜歡與客人攀談，了解食用感覺，記錄什麼人喜歡什麼魚，當他們再度入店時主動推薦，讓人驚喜，他不是記憶特別好，而是覺得人家花錢購買，必須特別用心。

他相信欺騙可以做成一次生意，但「用心」可以找著主顧客。

生意因而蒸蒸日上，並且口耳相傳，有了口碑，他的魚貨便因而成了供不應求的商品了。

我還認識另一位賣魚的，後來開起了餐廳，魚貨是摸黑開車到漁港親目挑選買來的，保證新鮮，有什麼就賣什麼魚，他喜歡與顧客打成一片，並且主動推薦他認為當日最好的魚或者特別難得的魚獲，建議料理的優缺點，他的客人彷彿他的家人，連一些小禁忌他都知之甚詳，比如某人不加蒜，有人不愛薑，像家一樣的店，生意怎會不門庭若市。

台塑王朝的王永慶是從賣米發跡的，當時米的加工技術比較落後，出售的米混雜著米糠、沙粒、小石頭等，買賣雙方都是見怪不怪，但他每次都會不厭其煩的將米中的雜物揀乾淨，品質倍受顧客肯定，其他米店都是客人上門購買，獨獨王永慶會主動送米上門。

他有一本「筆記」，詳細記錄了顧客家有多少人、一個月可能吃多少米、何時發薪等。算算顧客的米該吃完了，就送米上門；等到顧客發薪的日子，再上門收款，送米到府的他會義務替人清理米缸再倒米進去，這些細微的小服務客人全看在眼裡深受感動，生意因而興隆。

他從小米店起步，最終成為龍頭老大，關鍵在於王永慶拿出了一種改變服務觀念的勇氣，並且將之付諸實施！

大衛說：「服務不是為了發財，但擅長服務的人很容易得到更多的財富。」服務的確是小事，但做得好便有大哲學。

有一家清潔公司的老闆在分享人生的經驗時，提及「服務」的重要性，他把居家清掃的那個家當成自己的家，想像如果是自己的家該如何清理才會乾乾淨，他會把易碎品包好放進一個可以好好保護它們安全的盒子裡，並且包好傢飾，做好沙發在內所有的防塵套，再小心翼翼清理，最後還原歸位，一塵不染的交到主人手上，讓付錢的人覺得有物超所值的價值。

「你家就是我家」看來不是一種冠冕堂皇的口號，而是一種服務態度，代表的是「用心」，不僅別人看得見，更重要的是，還可以把事情做得好。

用心在我看來就是一張王牌，誰得到誰就擁有人生的暢行證。

36 品質

慢慢修煉出來的光芒

只有品質是，最好的品質。

——凱歌

日本規定每天擦六遍桌子，員工會一絲不苟每天擦六遍，從不例外。

你會擦幾遍？

根據研究，剛開始肯定擦六遍，第二天也會擦六遍，再來便看情況了，有人檢查繼續擦拭六遍，慢慢螺絲釘鬆動了，沒有人檢查便擦五遍，後來是四遍，最後混水摸魚，愛擦幾次就幾次了……

慣性上每一個人都如此時，如果你與別人不同，就很容易被人發現成了吸睛的人。

一位小女生畢業之後很快升任部門的經理，為什麼？她受訪時提到，祕訣在不打折的態度，即使她初入公司，主管交辦的事她一定守著如期完成的底限，做不好二話不說再修改，因為她認為那是人家承擔盈虧付錢任用她的理由，她只要把事情做好就好了，老闆還要跑三點半設想資金的缺口，兩相比較她覺得自己已是一本萬利很幸運了。

「鑽石就一定會有光芒，不會被視而不見！」

品質決定一切。

它不止適用於人同時適用任何一家大公司。

「華為」頻上新聞，你一定認識，但未必對「海爾」電器有概念，它是很有名的企業，產品通過歐規標準，業績極好，憑什麼？

答案在一款冰箱的脫胎換骨。

為了擺脫中國製等於品質低落的罵名，董事長張瑞敏在一九八五年做出一件驚天動地的事，他到生產線上視察，把不合格的冰箱全部挑出，馬上用鋤頭砸掉，告訴員工這就是品管不良的下場，當場嚇壞了工人。

通過這件事向員工宣示，品質才是王道，海爾的質量因而大大地提高，三年後他們得到了品質金獎，最後以質量走向歐盟。

海爾上下一心很豪氣的標示理想：「要嘛不幹，要嘛幹第一。」

這話說得真有霸氣，品質理論就該有這樣的豪情。

品質大師、前國際電話電報公司（ITT）品質管理副總裁菲爾．寇斯比（Phil Crosby）曾經說過，「一開始就做對了，即使花了巨額成本，細算下來永遠要比重做低廉很多。」

人生亦是如此，以為有些事馬馬虎虎就可以矇混過關，但欲速則不達，貪快，趕進度……而犧牲品質，最後重做，也許花上的是加倍或者數倍的時間和金錢。

這些算是可以彌補的事，但人生某些事未必能重來，比如說因而讓主管或者老闆不再信任你了，有些事不敢交辦給你，你便無法從中得到更多的經驗與閱歷，永遠無法得到「你做事我放心」的讚美，它不是什麼大事，但是因而累積成了偏見，就會被認定是個不牢靠的人。

品質是「軟實力」，必須慢慢來，永保熱情，做事有幹勁與動力，這些表面上看來無關要的東西，經過迴盪、發酵，積累下來就是品質了。

從小事做起，加起來就是大事。

每一件事，每一樣產品，每一天，都認認真真，腳踏實地，做好做對了，假以時日，一就是多，肯定會很有品質受人青睞。

37
守時

成就的觸媒劑

凡是想獲得優異成果的人，
都應該異常謹慎地珍惜和支配自己的時間。
——克魯普斯卡婭

如果貶低時間，不知道人生短促，人事紛繁。未把所有的時間用在做最有益的事情，時間是很不值錢的，如若理解一寸光陰一寸金則它便非常值錢了。

守時這件事不單單是尊重了別人也尊敬了自己，因為蒙森是這麼說的：「不守時就是沒有道德。」

在歐美它是普世價值，我們卻常遺忘。

瑞士有句格言是這樣說的，火車遲到只有兩種可能，一，火車不是瑞士造的；二，時鐘不是瑞士造的。

哲學家康德不想錯過和朋友的約定，那是好友的婚禮，但宴客地離他家有十多英里遠，隔著一條長河。

婚禮那天，康德按照計畫出門，乘著馬車來到河邊，可是河上的橋壞了，根本過不了。

康德問：「這附近還有橋嗎？」

車夫說：「有是有，但離這裡有六英里遠呢。」

康德看了看時間又問：「現在是十時，如果走那座橋，多久能到我朋友家呢？」

車夫說：「最快也要十二時吧。」康德焦急的說：「那走我們面前的這座橋，多久能到達？」車夫搖了搖頭說：「走這座橋，只要四十分鐘就夠了，可是，現在這樣，是不能過去的，太危險了。」

康德當下決定花錢了拆下河邊破舊小屋的門板，請屋主與他的兒子修好橋，十分鐘後，橋修好了。

康德付了錢開心謝謝他們。

車夫不解，頂多遲到，為何要花這麼多錢？

康德解釋：「雖然我遲到了，對他的婚禮不會有任何影響，但是這是對他人基本的尊重，而且講誠信是不能有任何藉口的。」

康德堅信：「守信是一種品格，我們不能因為偶而違反，不會產生不良影響，就覺得無關緊要，所以我仍堅持守時。」

康德準時到達，朋友在門口迎接他，高興地對康德說：「我親愛的朋友，你真的很守時啊！」

康德並沒有提起修橋那件事，直到後來，朋友才聽那個車夫講起這個故事，對康德便更加敬佩了，修了書信一封給康德，以表達自己的感激：「我親愛的朋友，您是如此誠信，上次那件事情，您遲到根本不會影響任何事情，而您卻為了守時，付出如此大的代價，我深深地敬佩您。」

它是小事，也可能是大事，換得的敬重遠比財富來得多。

守時代表你尊重這份契約，甚至證明你在乎這一件事，人家便在乎你了。

演講的講師老是遲到，也許主辦單位不敢講話，但後續呢？久而久之一定負評如湧，我聽過很多人向我埋怨某位老師遲到早退趕場的事，言明不可能再找這樣的人，心想萬一是我可就難堪了。

這些也許自己聽不到或者最後一個聽到的話，若是因而成為別人眼中的黑牌老師，即使口才捷利，邀請者依舊怕怕吧。

單純的守時也許得不到什麼？因為那是必要的人品，但如若不守時，一定會失去很多，包括信任。

38
助人

管用的蝴蝶效應

如果你是燈，請把它提高一點，
這樣就可以照亮更多人的路。
——海倫凱勒

馬克斯．派瑞克在別人眼中擁有一份令人羨慕的多金工作，大學畢業後便馬上進入廣告界殿堂級的奧美集團，薪水高人一等，前途不可估量，但真正的生活並沒有想像中的優雅，每日忙得不可開交，像螺絲釘一般一個口令一個動作，沒有多久他便發現撐不下去了，開始思考：這是他要的生活嗎？會不會到頭來只是空中閣樓，華麗而空虛？

為了釐清人生價值，他請假，單飛到了貧窮的非洲，每天走出旅店，街頭一幕幕令人心痛的畫面便接踵而至，他無法理解在地球的兩端為什麼會有截然不同的生活？這些人買不起一件厚實的大衣過冬，更多人流浪街頭，窘迫的瑟縮在摩登大廈的騎樓，他因而有了起心動念。

回到美國之後，他下定決心辭職離開高

薪的工作，到了非洲街頭擺起流動商店，陳列衣服和鞋子，如同自由商場，邀請流浪人自由挑選喜歡的物品，起初他們壓低帽子，手不斷搓著臉，不好意思地問道：「真的可以挑？」

他微笑點頭允諾，人便慢慢多了起來，流浪人興奮地交頭接耳，人群中，他們熱烈地討論自己喜歡的事物……很多人可能是有生以來第一次擁有如此自在，沒有尷尬的挑選自己衣服。

接著越來越多毫不相干的人來到他的攤位，像熱帶氣旋一樣轉動起來，理髮師出現了，他們自動自發掛起了牌子：「免費理髮」。

年輕人的大學生來了，他們在一旁手足舞蹈製造歡樂。附近的商店送來了食物和飲料，不知情的人路過，以為正在開一個盛大的舞會。

馬克斯．派瑞克發現這個「改變」非常有意思，他在改變別人的同時，自己也悄悄跟著改變了，發現了存在價值。

文明加諸身上的隔閡枷鎖軟化了，人們不再只是自掃門前雪的，慢慢懂得理他人的瓦上霜，介入社會，讓它變得有溫度。

從二〇一四年發起之後，已有一百二十一個商店在世界各地被建立起來，二七〇萬志願者一起加入「改變」的行列，而且還在成長之中，它不是施捨，而是改變，一種尊重而已！

發起人馬克斯．派瑞克本身這個件事情的最大受益人，他助人歷程中重新檢視人生，看見與物質不同的價值，原來很多事情並非單純的財富可以決定的，知足、感恩、善解、包容才是人生最有味的財富，再有錢沒有心就兌換不來，多可能是少但少也可以是多，愛與善不嫌少因為滴水可以成河，種籽種下了等待的就是發芽。

的確，勿以善小而不為，因為我們皆有力量！

每一個人都可以成為改變者，只要做些能力所及的事，馬上捐出一百萬很難，但一百元就不難了，一萬個人的一百元便會是一百萬，這是「小」累積出來的「大」力量！

印度詩人泰戈爾說，「文明讓人擁有財富，但失去善心，消除貧窮卻換到了冷漠！」

泰戈爾並未因而認定錢是個可惡的東西，如果把它用來做好事，利益別人，善心加持，做了好事，金錢依舊是生活的甜料，人生的珍品，可以愈多愈好的。

39
反省
一個值得審思的德行

戰爭是強迫敵人服從我們意志的一種暴力行為。
——克勞塞維茨

李安的《比利連恩的中場戰事》，讓我想起唐朝王昌齡在《代扶風主人答》一詩中寫道：「去時三十萬，獨自還長安」的悲涼，我因而不由自主的想起戰爭。

生靈塗炭的禍事是怎麼開始，如何結束的？

為何要戰爭？

誰可以決定？

很不幸的是，戰爭常常不是大家的事，決定的人往往是少數人或者一二人。

我不是歷史學家，少了知識的束縛，剛好可以從不同的向度思考這個悲涼歷史。

我的理解如果沒錯：

國家的組合原本是人民，很多事應該是眾人決定，但代議政治讓一些人有了權力之後，便私自代行決定，歷史長河中的國家大事幾乎從來未有過人民自己決定的，血染秦淮河死的人一定是平民百姓，不是有權人。

翻開歷史，戰爭一頁頁，首先是黃帝與蚩尤的大戰，誰決定的？他們兩個人吧，但死了很多別人，黃帝當然沒死，我們才會自稱是他的後裔，蚩尤也沒死，只是敗了；蚩尤是壞人嗎？可能不是，他只是輸了，成王敗寇是史書上的定律。

兩個人決戰，一堆人在城裡城外喊殺赴死，怎麼看都怪，為什麼是他們說了算？

魏蜀吳，曹操、劉備、孫權擔綱演出的風雲三國，歷史占了一個位置，中國最美的題材，這場狹義六十年，廣義約一百年的三國誌，一直處在硝煙之中，反覆吟唱著砍殺的故事，大約就是他們三個人的事吧。

揮淚斬馬謖，關興斬潘璋，曹操殺呂布，周瑜用計使曹軍水軍大將·蔡瑁、張允被斬，關羽被襲殺，孔明用借來的箭射殺不少無辜的人……。

殺人貫穿這個斷代歷史。

三個人決定的戰事，卻不知斷送了多少英雄豪傑？

朝代變換之間的每一個謀篡者都有冠冕堂皇的理由，但內裡絕離不開權位，離我們不算遠的太平天國也不例外，洪秀全與馮雲山打著救國救民的口號，從道光晚年、咸豐至同治初年間建立的政權，楊秀清、蕭朝貴、曾天養、石達開加入後如虎添翼，一八五三年攻下金陵（南京），定都後爭權就開始了。

為國為民的理想馬上露出狐狸尾巴成為權為利。

日本的侵華戰爭應該不是所有日本人的決定，三兩人就可以決定千百萬人投入這個血流成河的戰事，殺敵一千自損八百。

戰爭的殘酷很難用心理學理解，號稱民主的美國在越戰期間設下殘絕人寰的「虎籠」監獄，用盡酷刑處罰敵對的戰犯，日本人在瀋陽監獄為反抗者設計吊頸台，站上一踢，頸斷人亡。

站在這樣的歷史之前，思考戰爭不禁令人毛骨聳然，殘暴且喪失心性的理由不是喪心病狂，而是害怕，因為必須殺人，為什麼要殺人？因為恐懼吧，你不殺他，他會殺了你，上鏜、射擊，在無冤無仇的人身上烙印，使之哀嚎、死亡……戰場因而成了砍人頭顱的「零和遊戲」。

沒有人民喜歡戰爭吧，因為那個痛苦傷疤往往持續一世紀，甚至更久。

人民只想過日子，南宋時期附近還有西夏與大遼，很多西夏的官員都是由大宋逃過去的，為什麼？圖一個安居的好生活吧，陶淵明在他的〈桃花源記〉上寫道：「自云先世避秦時亂，率妻子邑人，來此絕境，不復出焉；遂與外人間隔。問今是何世，乃不知有漢，無論魏、晉。」

不知有漢？不是不想有漢，而是不管，就是懶得理統治的人是誰？宜居生活最重要。

權力一直是幾個人的事，但升斗小民要的是實惠的福利，有一天，萬一你有了權力，請記得人民最單純的想望，千萬別利慾薰心，固執痴迷了，忘了可能一個閃失，便引動了難以收拾的烽煙。

40

名氣

如果沒有德行就是俗氣

名氣，是一種世俗的評價 ；
但品格則是上帝對天使的考核與了解。
——潘恩

英國探險家斯坦因是考古界赫赫有名響叮噹的人物，他的名字與敦煌經卷有著密不可分的關係，大英博物館還有一間他的專門密室儲放在敦煌中「盜獲者騙取」的文物，把藏經洞中千年塵封的寶貝，用近二十年的時間，由駝隊與船舶萬里運輸，偷回英國。

王圓籙道士的貪心成了關鍵的X因子，他在筆記中記錄著他對守護藏經洞的王道士印象：「王是一個孤傲、忠於職守的人。他看上去有些古怪，見到生人非常害羞和緊張，但臉上卻不時流露出一絲狡猾機警的表情，令人難以捉摸。」

斯坦因用盡心機把他的翻譯員蔣孝琬「包裝」成玄奘忠實的信徒，從印度翻越大雪山前來取經，這一番話打動了王道士，騙取信任進而打開了藏經洞的大門。

最後，斯坦因只用了區區的四十塊馬蹄銀便從看護藏經洞的王道士手中盜換了二十九箱珍貴的寫經、絹畫和絲織品。古老的經卷以遠到南北朝、西夏王朝，絹畫大部分是唐代作品。

十年後，斯坦因食髓知味再次從王道士那裡購入敦煌五百七十卷珍貴文物，其中《釋迦牟尼靈鷲山說法圖》高二四一公分寬一五九公分，製作於唐代，約八世紀左右，是敦煌藏經洞出土的最優秀的作品之一。斯坦因曾讚嘆這一巨大的刺繡品雖然有破損處，但依然「鮮亮閃耀」，是一個奇蹟！

全圖由五尊佛像構成，上部是華蓋和飛天，下部是眾多的供養人像。

畫面正中間是佛陀站在蓮花寶座上，扁桃形的身光環繞著身體與頭光等高，袒露右肩，右手垂直放下，左手執衣襟——這是所有靈鷲山釋迦牟尼說法圖是存世最珍貴的寶物之一。

當年考古界的盜寶者其實不止斯坦因一人，有資料可查的小偷們還包括了：

一九〇八年，法籍漢學家伯希和從藏經洞中揀選古籍，帶走五千多件精品回國，現存法國國家圖書館及吉美國立亞洲藝術博物館。

一九一一年，日人橘瑞超和吉川小一郎盜走六百多件經卷。

一九一四年，俄籍漢學家奧爾登堡從敦煌盜竊一批經卷寫本及塑像，並進行洞窟測繪，掠走了二百六十三窟的壁畫和塑像，現存俄羅斯國立艾爾米塔甚博物館及俄羅斯科學院東方學研究所。

一九二四年，美籍考古歷史學家華爾納用特製的化學膠液，盜走莫高窟多幅壁畫和塑像，現存美國哈佛大學。

這些人在考古的專業上都享有盛名，是個不折不扣的「專家」，最後被人在歷史上唾棄或者打上問號的不是本事，而是「人品」，一旦喪失了為人處事的品，成就便被質疑或者一筆勾消了。

這些人絕不可能認同他們的人品出了問題，但你在做別人在看，評價的是別人，他們說了算。

德國的德州儀器總裁兼執行長佛瑞德．布希（Fred Bucy），在〈我們如何甄選高階主管〉（How we measure managers?）一文中指出，有十項必要條件：冒險意願、獲利能力、創新能力等等，但是「誠信（integrity）」名列榜首。

佛瑞德．布希指出，經理人員即使很聰明、有創意又很會替公司賺錢，但如果他不誠實，則一文不值，反而是相當危險的人物。他對誠實所下的定義是，當經理人發生難以預料的事情而無法達成承諾時，必須儘可能通知對方，解釋未能達成的原因，並竭盡所能去減少對方的損失，而非減少自己的損失。

有家著名的電動機車公司，在訂單一度爆量無法準時交貨，你覺得他們怎麼做？選擇誠實告知？不是，他們要求業務人員必須想盡想法拖延安撫消費者，沒有善盡告知義務，這便是國內的企業慣性罩門，即使他們信誓旦旦以「誠信」為口號，但出事盡是用欺瞞的，說一套做一套，競爭力便可能埋下了危機。

人才，我們並不輸人，但缺在人品教育，人才的品德遠比專業能力更為重要得多，因為那才是永續競爭力，它不只企業都有，我們也應具備。

41

尊重

尊敬別人等於尊敬自己

要尊重每一個人，不論他是何等的卑微與可笑。
請相信每個人身上都有與你我一樣美好的性靈。
——叔本華

每天都向麵攤老闆索討一些小錢的乞丐，有次一反常態與一群客人一起排隊買一碗陽春麵，並且從包包裡取出幾個銅板付錢，老闆跟他微笑並且一把收下，放進錢櫃中。

老闆的兒子非常疑惑：「乞丐不是沒錢嗎，為何收他的錢？」

老闆說：「布施是我對他的慈悲，收下他的錢是我對他的尊重。」

他與眾人一樣，排了好長的隊伍，買了一碗麵，而且願意付出，如果不收，會讓他沒有面子；同樣的道理，乞討是他的工作，但付錢也是尊嚴。

這是生意興隆的麵店，川流不息的原因吧，應該不止是麵的味道，還有人的味道吧。

花園裡有一位慈祥的老先生，穿著樸實的工作服，弓著腰賣力修剪花園裡的一草一木，門口一位花枝招展的女士從正門大搖大擺走了進來，脫下高跟鞋，坐在社區木質椅上休息，輕揉雙腳，並且取出零食餅乾大口吃食，包裝袋隨意棄置椅子的一旁。

大約十分鐘後，女士用完餐點，大嗓門問專注修剪花木的老先生某家公司在幾樓啊？怎麼去？口氣趾高氣揚，老先生很客氣的問明何事？女士則顯得有些不耐煩，說自己是公司新聘來的經理，第一天上班……老先生仔細端詳，緩緩的放妥修剪工具，微微揚起頭帶著笑告知女士，他正是這家公司的董事長，她已經被開除了。

尊重一直是董事長為人處事的準則，他自己以身作則，把清潔人員當成家人，噓寒問暖，他要求員工要善待辦公的地方，不可以隨地扔擲垃圾增加清潔人員的負擔，他每天都會跟清潔人員與保全打招呼，經常對服務他的人說上一句：辛苦了，謝謝你等等鼓勵的話。

美國詩人惠特曼說，對別人不尊重其實就是對自己不尊重，一個人連自己都不尊重怎可能會有好運氣？

心理學家研究證明態度的相對論，一個愈善良的人得到的純淨反應愈多，懂得感恩惜福的人，運氣也會愈來愈好，愈是尊重別人，別人會愈把他當成是一塊料……。

最快的腳步肯定不是一直踩踏別人前進的跨越，而是安靜的自己繼續向前走；最慢的步伐不是小步，而是漫無目的的徘徊；最好的道路不是大道，而是小心；最險的道路不是陡坡，而是陷阱。

最棒的人不是光鮮亮麗外顯的最有成就的人，而是內化修持，懂得尊重看見他人的好的人；鄙視別人，以貌取人，自視甚高，頂多是令人生厭的驕傲者，永遠不可能是智者。

西班牙有句俗諺說：「智者尊重每個人，因為他知道人各有所長，也明白成事不易。學會欣賞每個人會讓你受益無窮。」

每一個人生來就是不同的，無法選擇，與其非要某種角色不可，不如相信那都是上天賦予的任務，好好執行就是功德圓滿了，並非一定要如何不可，這個世上沒有誰比誰厲害？刀與劍是不同利器，有不同用法，倚天劍不是屠龍刀，只要懂得善用，就是俠客。

好俠客多半不止是武藝高強，還有俠骨柔情的溫度。

42
謝謝

它不是名詞而是動詞

每一種恩惠都是一體兩面的，真心謝謝就有所得，
否則便是一枚倒鉤，它將鉤住吞食那份恩惠的嘴巴，
施恩者想把他拖到哪裡就得到哪裡。
——堂恩

一輛標示著富豪等級的豪華賓士車，從山林中綠意盎然的高檔旅館中緩緩駛了出來，轉了幾個彎道拋錨了，事故的地點風景絕佳，樹影搖曳，微風徐徐，但車主可沒有心情欣賞，猛打手機，可惜收訊不良，無法撥通，一對男女怒沖沖的從車上走了下來，無助呆立在路旁。

車主焦急探問一群收工的村民：「誰能修車？」眾人面面相覷，統統搖頭，一旁的太太提出酬償：「我們付三千元！」

一位開著耕耘車慢慢通過的年輕人剛巧路過聽見停下車走了過來：「我來試試！」

他掀開引擎蓋，熟捻的摸摸看看，竄進底盤，大約十分鐘過後滿身油汙鑽了出來；「應該可以了，你們試試！」

車主一臉狐疑進到車內，扭動開關，車

子果真神奇發動了，圍觀的人給小夥子鼓掌拍手，男人守信允諾掏出三張千元大鈔，卻被女人喝斥住了：

「十分鐘就做好的事，你真要給他三千元？」

女人迅速奪回男人手中三千元，換成三百元小費：「這是修理費用！」年輕人微笑望了望他們，搖了搖頭，男人加了點錢，年輕人依舊搖頭，這下女人生氣了：

「嫌少是嗎？太貪心我可是連一毛錢都不給你了。」

年輕人依舊笑笑的搖頭但開口了：「我不是嫌少，而是根本不要，有些事不是用錢可以解決的，你們覺得錢是一切，但我覺得信用才是，而且幫人不是為了報酬的！」

男人很納悶：「那你怎麼還不走？」

年輕人比比自己的手：「因為修了你的車沾了全是髒油汙，總要洗吧，而且我在等你們說一聲謝謝！」

這個故事後來怎麼了我也不知道，但它卻是千真萬確發生在烏克蘭小鎮上，被報導出來之後瘋傳上百萬次，閱讀之後我馬上陷入沉思之中，我們原來純真，經過世俗文明化之後，到底還保留了多少？「謝謝」兩個字並不難說，但卻難做。

受人之恩，心存感恩，說聲謝謝本該簡單且理所當然，但未必。

如果只幫助人一次一回，多數的人心存感謝，但次次回回之後則會變成了習慣，再之後會是要求，最後一百次之中不可以有任何一次不幫忙，否則會生氣。

「忘恩比之說謊、虛榮、矯飾、酗酒或其他存在於脆弱的人心中的道德還要厲害。」

這是英國俗諺，告訴我們每一種恩惠實際上都有一枚倒鉤，不懂得感恩就會被它拖住。

這位善良的年輕人一定會忘記這件事情的，因為他壓根兒沒有想要得到報償，賓士車主也會順利下了山繼續他們的生活，但我猜得出來年輕人會是一個受歡迎的人，而那車主無論他是做什麼的，都不會是受歡迎的人物。

「謝謝」兩個字確實是名詞，但如果一直掛在嘴邊便會是動詞，一直說就會成為你的資產，變身成受歡迎的人了。

43

節儉

辛苦得來的果實，不要一口氣把它吃完

節約一分錢，等於生產一分錢。
——英國諺語

大老闆說他兒子的名車是自己賺來的，真的一派胡言，他兒子在他公司上班，人家月薪三萬他付三十萬元，這些白花花的銀子根本就是他給兒子，再由他自己去買的吧，跟贈予沒有兩樣。

得之太過容易的代價往往造成了富不過三代的理由，孩子完全不懂其中的辛苦，以為得之本來容易，如果有一天遇到人生難題，肯定不會有十足的應變能力了。

吃苦當成吃補！

可能是玩笑話，但也許也是真話。

我女兒從英國回來時，決定用自己的方式闖盪人生，她知道藝術這條路辛苦，但決心做，就不要怕苦，過程中的確非常艱辛但沒有吃過苦怎可能理解路上的風雨，跌倒流血挫折沮喪，但度過有如火山的磨難後，所

有的能力便全歸屬她的。

我的童年生活同樣如是，生活在一個經濟很不寬裕的家庭，上學與上班同時存在，我的意思是家中的雜貨舖，盤碗出租，果園菜園，不能沒有我，我在下課之餘是家中的小幫手，當年覺得好不幸，非常苦的童年，但成年之後才發現它是我的活水源頭，從來沒有再發現比童年更苦的經歷了，人生變得輕鬆自在。

逆境十之八九是真理，吃得苦中苦方為人上人也非老學究的話，每一個人都是透過逆境去打造順境的可能。

經濟不寬裕的朋友愧咎告訴我沒給孩子幸福，但我的看法與他不同，我一直覺得他給孩子的是機會。

他家靠近電視櫃旁有一個放置零用錢的桶子，兒子出門之前會在那個錢桶中取出坐捷運的費用，單趟三十元，來回要六十元。有一回兒子回家跟他說：「今天賺了二十多元！」

賺？

他有點狐疑，孩子解釋，因為當天早出門，時間還很多，他便提前一站省下五元下車，回家可以慢慢來他改成坐公車回來，兩趟便省下近二十元了，孩子喜孜孜的說，二三個月就可把那雙開口笑的球鞋換了。

他笑中帶淚，但我告之應該開心才是，因為孩子已早人一步成熟了，貼心很難教，但一旦學會了就再也忘不了的，我之所以受人敬重不是因為我寫了一百多本書，也不是我幫了多少人，而是與人設想的溫度，這便是童年修得來的，不得不早點學會替父母著想。

我家旁邊是台電公司，依著圍牆有一處垃圾堆，台電人員常扔出一些電線，裡頭有銅，把塑膠皮拆下，取出紅銅線，賣給收酒矸的人，累積的一些錢再去買上一本書。

「差價」的觀念便這樣不知不覺烙印成了我的生活方式，遠途的演講我會搭計程車到高鐵，回程我搭捷運返家，「省」下差價三百元用來買書或者助人，我不是有錢人但比富翁更懂得助人，而這些錢全部是用減法生活減來的，奢華會使人變笨，反之則會變成慈悲！

「奢侈會破壞人們的心靈純質，因為不幸的是，你獲得愈多，就愈貪婪，而且確實總感到不能滿足自己。」

這是安格爾的格言，也是我的信仰了，一套節省的哲學。

44 分享

金錢的哲學意義

黑夜使眼睛失去它的作用，但卻使耳朵更為靈敏。
——莎士比亞

分享這件事並不是單單只是有錢人給沒有錢人的一種施捨罷了，更重要的可能是一粒種籽，埋下的信念最後不僅影響自己也影響了別人。

一九四五年十月，巴西有一位小男孩出生於伯南布哥州的一個農民家庭，因家裡窮困，很小便賣花生貼補家用，上小學後常與兩個小夥伴一起在課餘時間到街上擺攤擦鞋。

十二歲那年的一個傍晚，三個小男孩同時遇見一位大老闆，一窩蜂湧上要替他擦鞋，老闆思考一下，拿出兩枚硬幣說：

「誰最缺錢，我的鞋子就讓他擦，工資兩元。」

那時擦一雙皮鞋頂多二十分錢，二元大約是十倍的工錢簡直是天上掉下來的禮物，怎能不要：「早上到現在我都還沒吃東西，非常餓，我最需要這筆錢……。」其中一位馬上極力爭取，「我家裡已經斷糧三天，媽媽又生病了，我今天一定得給家人買吃的回去，不然晚上又得挨打……」另一個夥伴好像更迫切。

這位男孩很貼心的表示：「如果我得到你手中的兩元，我會全部分給他們，一人一元！」

男孩的回答讓大老闆和兩個小夥伴大感意外。

男孩說：「他們是我最好的朋友，已經餓了一天了，而我至少中午還吃了點花生，有力氣擦鞋。」

老闆被男孩感動了，最後真的付了兩元，他信守諾言直接將錢分給了兩個同伴。

幾天後，老闆找到這個男孩，讓他每天放學後到他經營的店中當學徒工，還免費供飯。

雖然學徒工資很低，但仍比擦鞋強多了。

男孩心知肚明，這是因為自己向比自己窘困的人伸出援手，才有了改變命運的機會。

從此，只要有能力，他都會去幫助那些生活比自己困難的人。

後來他輟學進入工廠當工人，為爭取工人的權益，二十一歲加入工會，四十五歲創立勞工黨。

二〇〇二年，他提出「讓這個國家所有的人一日三餐有飯吃」的競選綱領，贏得了選民的支持，當選總統。

八年的總統任期，他履行承諾，使這個國家百分之九十三的兒童和百分之八十三的成年人一日三餐都得到了食物，巴西一躍成為全球第十大經濟體，這個小孩便是卸任的巴西前總統盧拉。

「分享」一事表面上看來是施捨，但卻也可以是獲得，得與失之間未必涇渭分明，它們也可能在同一條線上，有得必有失，有失也有所得，一輩子哪用得了那麼多財富，能賺到錢本身就是成就，錢用來助人則是慈悲，這是我的「人生相對論」。

約翰生相信分享是一道簡單的公式，只要你解開了，便可得到喜悅，願意邀請自己以外的人來共同體驗那份滿足，由於有共鳴、有驚喜，創造出的快樂和幸福感是加乘的。

我在臉書社團裡創造的《微善雜貨舖》大約便是這種意義，它像一種吸引力法則：先給予，而後你就會得到更多；有能力給予，表示你是富足的！

我們像一塊磁鐵，吸引住更多願意付出給人幸福的人，並且堅信：「你給別人的，其實同時也給了自己。」

分享並不是要人把金錢看淡了，而是有真味的善用了。

45
貴人

幫助人家才能得到臨門一腳的幫助

最好的滿足就是給別人以滿足。
——拉布呂耶爾

上了大學後我一直保有宜蘭人的純樸，像小時候父親喚我做事一樣，讓人放心與可靠，久而久之教授便喜歡叫我做些雜事，慢慢知道我需要打工多賺一點錢貼補家用，便讓我在他開的測驗公司當職打工，成了我的貴人，這個貴人其實是我用滿足他們的要求掙來的，只是天下並沒有不散之宴，畢業離職我去當兵，沒有料到貴人在我即將退伍正要寫履歷謀職時又出現了，教授延續他過往對我的信任，讓一個沒有正規編輯經驗只編過學刊的人接掌一個雜誌社，事後證明……失敗。

但他依舊信任我，這種「知遇之恩」便是貴人吧。

我的初期薪水多半交給媽媽，剩下一些錢自用，師母見我月底幾乎等於斷炊，常常滷來有了蛋、菜、豆腐、肉的一鍋豐富佳肴，給我擺著吃著熬過苦日子；我的首場演講是教授告訴我沒有空要我代打成行的，那天他卻來了……坐在台下聽我講完，大力拍手，豎起大拇指彷彿真有你的，而今想來那是貴人給的一種故意吧。

雜誌社是我的練功房，一身武藝可以打過銅人陣離開天涯另闖，很慶幸我從來沒有用履歷找過工作，我用的一直是專業與本事，從來不是我找工作而是工作找我，這些全是我的貴人給的。

有一年我上廣播，老師開車不小心聽見我的專訪，說及他是我人生中最重要的人，事後他說淚流滿面，覺得一切的作為都值，但不懂的是，為什麼那麼多細微的事我都記住了？

我說：「只因感恩。」

他的淚流也許不止是專訪的感動，還有為人師表這麼多年拋出何止一枝橄欖枝，接到手又放入心好像沒幾人吧。

老師也許是這樣想的：

這小子真是好樣的，在這個人情義理淡了的社會裡，感恩正悄悄被「應該的」三個字取代了，我還記得貴人兩個字。

人是相應的吧，我對他很好，他便對我很好了。

報載一個故事，一家醫院招聘醫生，院長選在醫院附近的咖啡屋徵人。面談到一半服務生走到兩人桌前故意昏倒，院長故作鎮定繼續詢問，應徵的醫生分成三類，有人無動於衷，有人慢半拍，只有一位馬上起身醫療處理。

最後他被錄用了。

院長告訴他：「我看過每一個人的資歷，全是一時之選，都有豐富的臨床經驗，當醫生並不是問題，但我要好醫生！」他說，好醫生該擁有的不止是醫術，還要有視病猶親的醫德。

這位醫生後來也因為這樣的醫療態度，被病人說成仁醫俠客，他說院長是他的貴人，因為他的一句話讓他更堅定自己要當什麼樣的醫生。

《周易》卦辭：「地勢坤，君子以厚德載物」，寓意是說天地間萬物靠大地生長，而大地以其廣厚，能承載萬物、包容萬物，大地展示的是柔順包容的為品德，君子應傚法，用深厚仁慈的態度來化育萬物、愛護萬物，助人行善，積善之家，必有餘慶。

老師是我的貴人，在我需要的時候他伸出的援手，教我懂得還上橄欖枝成為別人的貴人，我在臉書寫了很多好文章法施別人，我與女兒合作出版童書繪本時，他們又反過來成為我的貴人，出錢出力，並且把這本寓意「我來幫你」的《雲端圖書館》送給偏鄉小校，成就美的循環。

46

價值

做一個利益他人的人

一個人的價值，應當是由他貢獻了什麼決定？
不是他擁有什麼。
——愛因斯坦

利益這件事是一條簡單的公式，說得容易，做起來極難，除非解開密碼，才能得到喜悅。

如果你是醫生，遇上窮苦連一頓飯都難得的病人來看診會怎麼做？

董奉與張仲景、華佗齊名，號稱「建安三神醫」，《神仙傳》卷十記載的他是這樣的醫生：「君異居山間，為人治病，不取錢物，使人重病癒者，使栽杏五株，輕者一株，如此十年，計得十萬餘株，鬱然成林……。」

當時隱居江西廬山南麓的他是位仁醫，熱忱為山民診病療疾。對於窮人不索取酬金，治好的重病患者，可在山坡上栽五棵杏樹報答；看好一個輕病，只須栽一棵杏樹。

幾年之後，廬山一帶的杏林多達十萬株

之多，這便是「種杏成林」的典故，杏子成熟後，董奉又會將它變賣換得糧食，用來救濟廬山貧苦百姓和南來北往的饑民，一年之中救助的百姓多達二萬餘人，傳為美談。

醫生這個角色並不難得，但要像董奉一樣成為一位利益眾生的醫生則不多見了。

讀書這件事花了數十寒暑，如果只用來得高分唸名校得功名，利益自己，真的可惜了；求學是一種修行，我們有幸得了知識，有了智慧，成為一個社會中有名的角色，名氣應該用來助人。

有一次錄完節目，主持人送我伴手四禮，之中夾著一張印刷精美的卡片，寫著：「禮物的故事」。

第一禮「三分脆餅」，是嘉義市腦性麻痺協會成立的「腦麻烘焙坊」的幸福作品，這一間庇護工場，教孩子學會自力更生，獨立自主，返回職場前的練習場域，他們最與眾不同的是，少了商業的欺瞞，孩子堅持品質，執著的給人口齒留香的幸福。

溪州黑色紫米的故事之中有一段文字是這樣說的：據說古代它是獻給皇帝的貢米；稻子裡含的花青素極多，是養生聖品，目前以彰化溪州種植最多，約有一、二百公頃，光是溪州鄉就種有八十公頃。

好米並不稀奇，重要的是用善心耕作，用同理心，站在消費者的立場，堅持有機種植，栽出來的好米才是好味道。

這是第二禮。

金門的馬家麵線給人最深的印記不是它的知名度，而是「祖傳四代的百年堅持」，傳統手工技術製麵從未改變，加上金門當地得天獨厚的氣候及水質，配合當地獨特天候，經由風、陽光自然曝曬乾燥，絕不添加防腐劑、不漂白、不必放入冰箱保存，常溫隨意存放，絕不發霉，變質，亦不失原有口味。

麵線不鹹、香Q，道地家鄉麵線口感，這些都是堅持。

故事背後不是利益，而是關心眾生。

果醬女孩陳沛蓉讀大二時嘗試用食譜製作ＤＩＹ果醬，意外發現自己做得比市面上還要好吃，熱愛分享的她想把這份濃郁的幸福感傳達給其他人，便一頭栽進果醬的研發世界。

成天泡在圖書館，閱讀水果和甜點的相關資料，鑽研每一種食物的特性以及烹調方法，為了好的原料更是全台走透透，思考一種專屬於自己果醬的「故事」，用心讓水果、香料在地化，為了「有機原料」，她結識很多農友開始為增加他們的利潤作夢。

李國修說：「一生在世，能做好一件事就算功德圓滿了。」

如果還懂得為別人著想，就更有價值了。

第四篇

態度就是王道

阿爾伯特．哈伯德，《態度決定一切》一書中提到，決定你能否成功的關鍵，不是學歷，不是堆出來的能力，而是態度，它決定他能把實力展現到什麼程度，比起才能重要得多了。

我想過這個問題：

朋友之中我最喜歡誰？

為什麼？

其中有無一個理由是因為他是某校畢業的？沒有。

那是什麼？綜合而論就是態度。

我喜歡的應該是那種讓人覺得很有溫度的感覺，與某個人在一起會很舒服，而非壓力，我喜歡與這種人為友，在他的手下當班，或者成為他的上司，這些完全與才華無關，但卻左右了團隊合作的關鍵。

這個故事也許你聽過並不陌生，容我再說一遍：

三個工人砌一面牆。

「你們在幹什麼？」

第一個工人愛理不理回應：「沒看見嗎？我在砌牆。」

第二個工人微微抬起了頭：「我們在蓋一幢樓房。」

第三個工人笑容可掬，真誠而又自信地說：「我們在建一座城市。」

十年後，第一個人在另一個工地上砌牆；第二個人坐在辦公室中畫圖紙，他成了工程師；第三個人呢，成了一家房地產公司的總裁，是前兩個人的老闆。

短短十年，發生了什麼變化？

答案在「態度」！

第一個人沒有目標，第三個人不止有還努力的追求，具有積極、樂觀的心態，人生目標不必然要高遠，也未必可以真的達成，但我知道沒有目標一定達不成，這便是答案了，心態有了，即使工作辛苦也能甘之如飴，專注與認真的走向下一步。

站在這山望著那山高，是一般人的態度，心動沒有行動一定淪為空想，一輩子碌碌無為，一事無成便可想而知了。

同樣是半杯水，悲觀的人會說：「只有半杯水了。」樂觀的人則是這樣想的：「還有半杯水！」這也是態度。

友人的女兒出了社會領了第一份薪水是二萬多元，她的同事同學朋友對這樣的待遇九成都是埋怨的，但她很惜福的告訴我，可以學到專業又有錢領真的很有福氣，不懂的她會立刻問主管並且筆記下來處理原則，很快的她比別人專業，並被提拔為幹部了。

一位企業老闆告訴我：「我們是公司，不是慈善單位，想的是投資報酬率，不是人才養老院，能力比學歷重要，態度更勝過能力。」

我懂了，他們都不是要一個能力高強的主管，而是要一個可以帶出有業績的人，重點便不在他是什麼人，而是他能否是可用之人。

意思是：

能力佳的人可以成了被用之人，但有態度的人成了有用的人。

世上無難事，只怕有心人!!

這句俗諺說的是「決心」，不怕吃苦，不怕勞累，認真就對了，它也是「態度」。

心有多高，就會飛多高，但這一念，不難，卻又很難。

47

執著

○・一公分的堅持

卓越的人的一大優點是：
即使在不利和艱難的遭遇裡依舊百折不撓。
——貝多芬

穿過日本北端津輕平野岩木山山麓下，一片又一片整齊的蘋果園，果樹下的雜草都被修剪得像草皮一般，來到果園，眼前出現的是雜草叢生的景象，蝗蟲唯我獨尊地跳來跳去、蜜蜂飛舞、青蛙扯開嗓子高鳴，還有野鼠、兔子奔竄，必須雙手用力撥開雜草，才能走到果樹旁。

這是木村秋則爺爺的蘋果園！

為什麼這麼荒蕪？

由於他和妻子都對農藥過敏，從一九七八年開始，木村就不曾在這八千八百平方公尺的果園內使用過一滴農藥、一撮化肥，這裡還原了生態系統，回歸到大自然法則，什麼都不做，其實對大地做得最多。

停止農藥的第一年，蘋果葉子一片片枯黃掉落，蘋果園變成了光禿禿的枯樹林。

第二年，果樹上長滿了蟲子，於是木村開始嘗試無農藥預防，結果無論是給蘋果樹噴灑醋、酒，還是蒜水都未有改善。

到了第三年，蘋果樹根本就不開花了，木村又聽說牛奶、泥水有效，於是開始給樹噴牛奶和泥水，但是果樹上依然長滿了蟲子，之後的果園內除了斑點落葉病肆虐，還出現數不盡的害蟲，數量多得驚人，簡直變成了昆蟲的天堂，引起鄰家果園極大不滿。

為了消滅蘋果樹上的卷葉蛾、尺蠖、蚜蟲，以及介殼蟲等三十種害蟲，木村帶著全家人沒日沒夜地在不開花、不結果的果園裡，用雙手和塑膠袋捉蟲。

木村經常一大早就在蘋果樹下張大眼睛、不知厭倦地觀察著尺蠖的一舉一動，甚至像唐吉軻德一樣豎著一塊硬紙板，上面寫著：「警告昆蟲！如果你們繼續在此肆虐，我將使用烈性農藥！」

簡單平凡的信念，木村用了十一年沒有收成和收入的堅持著，才明白原因是土壤，從那之後，木村在果園裡開始大量種植大豆，大豆根部密密麻麻的根瘤菌改善土壤裡氮的含量。他要讓自己的蘋果園裡的土回歸到自然狀態——細菌眾多、營養豐富、溫度高的土，只有這種土才能讓蘋果樹如同那些橡子樹一樣充滿活力。

隔年，蘋果園就出現了生機，變成了原始森林，大豆下方長滿各式各樣的雜草，昆蟲在草中鳴叫，青蛙捕捉昆蟲，蛇在青蛙身後虎視眈眈，甚至還有野鼠、野兔，雖然斑點落葉病和卷葉蛾依然肆虐，但木村覺得蘋果樹已經結束長期和疾病的抗爭，漸漸恢復健康。

木村認為：「努力與堅持其實不是我，蘋果樹比我更努力的找尋生機。」回歸自然的努力讓蘋果樹恢復與大自然的連接，哪怕沒有農藥，蘋果樹也會自己解決病害。總之，只要交給大自然，大自然會通過一切方式保持平衡。

「堅持」只有兩個字但木村爺爺用了十一年驗證，天下不可能有白吃的午餐，不勞而獲不過是一句蠢話，百分之九十九的成就都來自辛苦，剩下的百分之一是騙子。

但丁是這樣信仰的：「上帝只能給一支蠟燭，人的意志才是燃燒的蠟燭，人要登上煉獄般山頂，意志是缺少不得的。」

開始不難，重點是要如何繼續？

功虧一簣講的也許便是這樣的故事，明明已經到了最後一站，最後關頭，再加把勁就到了，但卻灰心喪志放棄了，差在最後的一堆土。

人生的過程，一直都有最後一里路的考驗，只有「堅持」的人到得了彼岸，成為人生主人，做不下去，便會成了奴隸。

48
積極

向陽光處奔跑的動力

朝著一定目標走去是志，
一鼓作氣中途絕不停止是氣，兩者合起來就是志氣。
一切事業的成敗都取決於此。
——卡耐基

洛克菲勒說：「如果你視工作為一種樂趣，人生就是天堂，如果當它是義務，人生就是地獄。」

這就是積極的人生觀，一種正向陽光的態度，不是為別人作嫁，而是把工作與生活聯結的生活觀。

「拚命勞作」在洛克菲勒眼中不是好的工作態度，而是賺錢，工作不該是人生的全部，它只是副產品，一種媒介，透過它得到錢過好的生活品質。

經過考試得來的學位，擁有一份工作，得了可支配的錢是天公地道的，夠勤奮，自然會有可觀的報償，積極意義不是做好所有的事，而是「做好自己分內該做的事」，出色完成，得到「使命感」和「成就感」。

工作最美好的意義除了錢，還有快樂，

「樂在其中」才是境界，否則只得到了錢，但未必擁有使用權，得了富可敵國的財富，卻無力無空使用，即使工作很積極，生活也是消極的，他沒有因為努力而讓人生化約成為精彩。

易經的變與不變就是這樣的道理，要不變的好就要不停的改變，變，可以解釋成「積極性」。

任何事情都是兩面的，正與負，有與無，陽光與陰暗，孤獨與熱情，積極與消極，結論如何，由選擇者決定。

工作也是，一直強調辛苦無濟於事，因為它本來就是辛苦的，我真的沒有見過不付出勞力，就擁抱金銀島的工作，事少錢多離家近本質更像自欺欺人，那種工作老闆自己來就好了，幹嘛花錢請人？

演講寫作對我而言也非輕鬆，但我從不埋怨，接受並且面對，才是最積極的想法。

「忙世人之所閒，閒世人之所忙」，這兩句話你能理解嗎？

這是另一種層次的積極，大家都忙於工作，我忙於偷閒，它不是偷懶，而是學會游刃有餘，提高工作效率，三小時的事有能耐二小時做好，這樣的人便能忙世人之所閒，大家勤奮工作時，唯獨你可以走在山野林間，偷閒復活。

勤奮工作未必等於「積極」，很多時候可能只是瞎忙，積極的作為可以用緩慢的形式表現，那才有味，動非動，像一門哲學。

高爾基說：「寧可慢些，不要太急，寧可笨些，不必太巧。」

看似消極的這段語其實很積極，人生未必快便是快，比方說，時速九十到一百一開在高速公路上仍舊經常被超車，他們嫌我慢但最後我們在休息站上用餐時又遇上，快未必快，我還遇過前一秒超我車下一秒便出車禍的，心想何不慢一點，我到家時他應該在處理事故；慢未必是慢，重點是誰先到終點？

「準備好了的人」先到，準備也是一種積極，它遠遠勝過很早便先起步的領先者，大器其實必須晚成，大隻雞鐵定慢啼的，大樹成長是慢慢的。

「誰若遊戲人生，他就一事無成；誰不主宰自己，永遠是一個奴隸。」

歌德認定的消極者是遊戲人生與不做自己主人的人，反之，好好對待逝去的分分秒秒，自己作主，應該就可演好積極人生了。

49
職人
發揮到極致的精神

全心全意的尋找才會有所發現。
——邁克·波拉尼

職人的精神之一是「偷學」的態度，主動自發的從師父作業時的手的形狀、軌跡、力度，不斷演示出自己的真功夫。

它不是一種職業，而是一種專業，木工、庭院設計、鷹架、瓦、竹、玻璃、塗裝、櫃子，金屬加工技術的領域，只要能做出令人驚嘆的作品就是「技術職人」。

神彩奕奕、眼神熠熠有光的秋山利輝，就是有名的職人，已逾七十歲的他比一般年輕人更有朝氣，他被封為日本木匠業界的行走教科書，創立的「秋山木工」，以打造質感卓越、可傳承百年的訂製家具為職志。

日本皇室、宮內廳（負責掌管天皇與皇室事務）、國會議事堂、頂級飯店、美術館……都是下單要求他供貨的客戶。

頂級令人驚豔的工藝，每年都可創造出

十億左右的產值。

木作是一個需要人才的技藝，人的養成比營業額重要得多，他因而創造了一套獨到培育制度，成立「秋山學校」，完成整整一年的學徒見習課程才能被錄用為正式學徒，然後開始為期四年的基本訓練、工作規畫和各種匠人須知的學習。之後第五年到第八年作為工匠，一面工作，一面繼續精進。

秋山利輝頒布了十條職人守則，嚴格執行，常常嚇跑很多學徒，你來看看自己會不會是被嚇跑人之一，就知道你合不合適當吃苦的職人了：

1.不能正確、完整進行自我介紹者不予錄取。
2.被秋山學校錄取的學徒，無論男女一律剃光頭。
3.禁止使用手機，只許書信聯繫。
4.在一年學習期間內，只有在八月盂蘭盆節和正月假期才能見到家人。
5.禁止接受父母匯寄的生活費和零用錢。
6.研修期間，絕對禁止談戀愛。
7.早晨從馬拉松開始。
8.大家一起做飯，禁止挑食。
9.工作之前先掃除。

10.朝會上，齊聲高喊「匠人須知三十條」。

秋山利輝不諱言，這樣的生活常規可能比當兵還嚴謹，被質疑「太嚴苛了」，但反向思考，人生本來就沒有想像中簡單，想要後甘就必須先苦，一帆風順只是自欺欺人的幻想。

梁朝偉主演的《一代宗師》中有段台詞堪稱經典：「點一盞燈，有燈就有人。」你點上了就會有人找上了你，一直等待別人找上門來，而不去準備，無疑像空中樓閣吧，秋山利輝的規矩之中藏著一種哲學：做好它。

李安只會拍電影，戴資穎只會打羽球，小柴昌浚說他只懂物理，勞代爾說在專業這一件事他是行家，但是離開專業他則是笨蛋，他們能做好自己分內工作「全心全意」。

利山利輝認為「分心」是做好事的，人生太短，時間太少，只能孤注一擲的完成一個職人稱號，如果做兩件事，一會除以二，只會「半心半意」，想做三件事，通常只能做到「三心兩意」，四件事是「分明找死」，五件事呢？莊子早有預言：「五技而窮」了，因為我們是人，不是神仙，沒有三頭六臂，也不是千手觀音。

「天下難事，必做於易；天下大事，必做於細。」

這是我對精雕細琢的理解。

50

創新

想像力比知識更重要

獨創常常在於發現兩個或兩人以上研究物件或設想之間的聯繫或相似之點。

——貝弗里奇

創新的基礎來自模仿，青花瓷發源自中國這一點是毫無疑義的，但在歐洲發揚光大的卻是荷蘭。

大約明末清初，荷蘭人在一陣海權爭霸中奪得先機成了盟主，勢力深入亞洲，打開通商口岸，因而發現這個美麗的瓷器，隨即成為了景德鎮瓷器的最大買主，大批的中國青花瓷遠渡到荷蘭。

這些東方精美的藝術品馬上贏得荷蘭貴族和有錢人的爭相搶購。但是舶來品畢竟高不可攀，為了滿足更多普通大眾的需求，荷蘭的民間手工作坊開始嘗試模仿中國瓷器。

他們慢慢走出景德鎮的單調風格，大量融入當地方風土民情，手繪出鄉村風景、風車帆船、宗教場景、人物動物、狩獵遊戲、花卉植物等等他們熟悉的事物，杯盤、花瓶，皆成了他們的畫布盡成揮灑。

荷蘭後來甚至靠近鹿特丹的地方，成立一座迷人的荷蘭「景德鎮」，叫做代爾夫特，專門生產被他們叫做「藍瓷」的青花，意指像藍天一樣的美，荷蘭皇室都會用優秀藍瓷作為「國禮」贈送，由於這些創新博得青睞，青花走出了歐洲的另一片天空。

瓶身描繪的牡丹一如妳初妝
冉冉檀香透過窗心事我了然
宣紙上走筆至此擱一半
釉色渲染仕女圖韻味被私藏
……

這是方文山為周杰倫《青花瓷》歌詞中寫上的一段，將它動人的身段寫得絲絲入扣，一首歌再次挑動了一段青花史，在這個繁複的年代，這種單色素妝的確反而顯得簡約更討喜。

有人形容青花瓷的美如同潑墨山水畫般的意境，是素與雅的完美融合，淡淡的少女妝帶著淺淺的幽藍是它獨有的雅緻，晶亮的藍，不管是幾襲煙雨的侵襲，亙古的變換，還是美的那麼雅緻，那麼動人心魄。

拍賣場上最貴的元朝青花瓷，紋飾繪畫技法嫻熟，青料發色純正，燒造技術成熟，傳世的數量稀少，拍賣會中動輒拍出上億元高價。

同樣是青花瓷，現世的製品卻淪為廉價品，剩下幾十元身價，大抵少的便是創新的元素。

歐洲的手作品之所以高貴很貴，其一是他們對作者的尊重，每一件作品都只有一件，價格讓手作藝術家願意投身其中把藍瓷當畫布一筆一畫勾勒出美不勝收，讓十元的物件重新有了千元萬元身價。

我見過一只荷蘭藍瓷花瓶非常有創意，周邊開出七個孔，如當花器，可插出七種品相不同的花，如種水生植物池塘，可從七個孔洞冒出新芽來，生生不息，在市場上相當討喜。

不止如是而已，荷蘭幾乎把藍瓷生活化，他們把它用來變成刷子的面、手鐲、瓶蓋、吉他，應有盡有，清新雅緻又有獨特風情，創新讓人折服。

西奧多．萊維特說：「創造力就是想出新鮮事物。創新就是製造新鮮事物。」

傳統與現代本身並不是涇渭分明的地界，重點不在於它是否是千年百年產業，關鍵在於你是否固步自封，不求創新。

時代變遷，以前用來輸配電的電線桿紛紛「退休」，是該扔棄或老物可新用？創新的人會想出點子，他們把老檜木一支支刨開飄出了深蘊多年的幽香，成了桌上的檯燈、房子的壁燈等等精製品，手作加上創新贏得一片天，化不可能為可能，激發出了迷人的火花。

創新就是用腦去想，把兩件毫不相干的物品，接到一種聯結，並成了可用的產品，也許就是「發明」了。

51
執行

一直往前就是目的地

人生最苦痛的是夢醒了無路可走。
做夢的人是幸福的；倘沒有看出可以走的路，
最要緊的是不要去驚醒他。
——魯迅

一群老人組成的不老騎士摩托車團的紀錄影片大約只有三分多鐘，我一看再看，一直思考一個問題：

活著的理由？

為了辛苦工作或者圓一個有回憶的夢？

故事中的五位老人：一個重聽，一個得了癌症，三個罹患心臟病，全部有老人性的退化性關節炎，他們用十三天的時間行走一百一十三公里，白天黑夜，黑夜白天抵達終點，理由很簡單就是圓夢，寫下記憶。

這是勇氣與志氣的結合，他們能，我們有何不能？夢想在他們看來應該不是它有多大？而是一直走都可以抵達的地方。

約翰．葛達德十五歲時花了五個小時，一口氣寫下了一百二十七個想要實現的夢想。

探索尼羅河；
登上珠穆朗瑪峰；
駕駛飛機；
去南極、北極；
讀完莎士比亞、柏拉圖等十七位大師的全部名著。
葛達德的夢想曾被當成笑話，但六十一歲時，他已成功地實現一百零八個，寫成了一本名叫《漂下尼羅河的皮划子》的暢銷書，剩下的十九個還在執行中。
影像作家蛙大楊明晃說：「夢想是用來實現了」，他發現台灣很美，並且用影像記錄下來，透過山來山往，分享登山與單車環島等畫面故事，慢慢累積了讀者，他在蘭嶼看見漁夫對颱風來襲絲毫沒有埋怨，雨大，就休，雨停，就下海抓魚，蛙大從中理得人生哲理。
回到下楊民宿，他火速寄出離職信，從此展開了他與山林的影像共舞的追夢人生，他拍出來的影像特別有張力，不止有美感，還發酵出哲理，這應該與他的相片裡藏有哲理有關。
「觸動自己就會感動他人！」
他的這句心中感言我非常喜歡，每個人其實都有夢，但是無法達成是操之過急，便會少了美妙的醍醐味，忘了觸動他人之前必須先觸動自己，忽略了情緒、能量、感動、謙卑、思考，蛙大拍的作品添加了時間元素，於是山的險峻、樹的百態，田間的小貓、古厝旁的攀藤，件件都具備時間化約出來的生命張力，給人小確幸。

看似「極簡」的元素，確是生命厚度堆砌的，不可測的畫面藏了水滴穿石的義理。他有兩個眼睛，自己與鏡頭，再向大地借一雙眼睛，拍出感動的故事，美麗的綻放。有志者，事竟成！

一件事做一百遍與做一百件事是完全不同的思考軸線，我們習慣把一顆心分成太多層次了，一心數用便不可能達到目的，即使勉強完成也不可能很精緻。

目標多高？

那不是關鍵所在，重點在「執行」。

光說不練，再美的夢想也不過是狂想曲。

荷馬說：「夢想就是禮物！」

這份禮物理論上人人都可以收到，但問題在有人等聖誕老公公送來，但有人用心執行用力找它，你是哪一種人？

52

破繭

簡單，不簡單

最偉大的真理最簡單；
同樣，最簡單的人也最偉大。
——黑爾

離開演講廳之前，有一位讀者把我攔了下來，請我給他十分鐘提問解惑，他說他對我演講之中即興引證比喻的例子與格言很有興趣，問我記得這麼多語錄的竅門？

我給出三個非常簡略的理由：

1. 閱讀：它是我的智慧導師
2. 找著喜歡的觀念記下
3. 使用

這便是我的破繭巧門了。

「小木屋是由木頭建造的，但一堆木頭不是小木屋！」

德國的這句俗諺，很玄妙的證明簡單與不簡單的差別，它們之間的距離在《異數：超凡與平凡的界線在哪裡》一書的作者麥爾坎．葛拉威爾的眼中大約是「一萬小時」，他發現任何一個行業，任何一個人，想在專業的領域裡成為領先者，至少要付出一萬個小時的耐心耕耘才能小有成就。

學校的修習，學位的加持，在畢業後歸零，如果每天花十個小時努力於專業，得持續一千天，大概是三年的時間。

如果每天花上四小時則要七年。

每天是二小時，則要持續十四年。

怪不得，塞內加堅信一事：「只要持續地努力，不懈地奮鬥，就沒有征服不了的障礙。」

人生一事其實只有兩種型態：

前甘後苦？

或者前苦後甘？

少壯不努力的人老大必定徒傷悲。

三十歲之前是記憶力的高峰期，強聞博記，應該大量填充「記憶庫」，之後再用理解力來消化提取，成為成熟有用的東西。

體力的最大值也在這個時期，喜歡一件事，想要持續下去，只單靠熱情是不成的，體力才是後盾，年輕才會有這樣的本錢，五十歲才去讀博士，某種程度可能不是求取知識而是只想得學歷了。

趁年輕？

別當它是一句老掉牙的話，年輕時無法企及的事，老了更難做到，年輕做得到的事，老了可能也做不到。

年輕時，我的跳遠最遠的距離是六公尺三十，現在一定跳不了四米，我的聲音不錯，比一般高音還高上三個音階節，現在可能是中低音了，我喜歡打籃球，運球切入後拉竿跳投，像凌波微步，現在講起來就像吹牛大王，沒跳起來投籃身子便已自由落體掉下了……。

我口中的年輕與年老，你聽得出差別嗎？

一步登天？

它是用來騙人的，藏著偽詐，不切實際，投資五十萬一年就有擁有五千萬的資產，相信的人一定是利慾薰心的呆子，因為提案人是騙子。

研究所一年保證畢業，這種書有讀跟沒讀一樣，學校只想用畢業證書賣錢，那你讀它幹嘛，免交頭期款，保證交屋？可是他沒說的是，交屋之後會繳款繳到手抽筋？這些過於簡單的事會讓人生變得很不簡單，因為人生沒有立竿見影這種事，醍醐味需要用「等」的。

一般人都只顧前方，忘了腳下；沒有付出就奢望得取，很容易因而失去機會也失去寶藏。

夢想不是命運，而是哲學，它在自己手上。

阿默蛋糕有一則企業信念：「把簡單的事做到最好！」最好應該就是不簡單了。

功夫下到哪裡，別人就會看見什麼，人最怕朝三暮四，在太平洋想印度洋，在印度洋看大西洋，永遠到不了彼岸。

53
勇敢

它是人生的驚嘆號

如果是懦者，自己會是你的最大敵人 ；
如果是勇者，自己則會是最好的朋友。
——弗蘭克

《西遊記》裡的火焰山事實上存在這一個社會之中，舉目所見處處烈火燒烤，等我們考驗與超越。歌德是這樣相信的：「你若失去財產，只失去一點點，失去榮譽，就丟掉許多；但失去勇敢，便失去全部了！」因為他知道風險處處的人生，不可能也無風來也無雨的時候，雲遮了撥掉它就是藍天。

猶太裔的弗蘭克（Viktor E. Frankl）是意義治療心理學的大師，二次大戰期間曾被納粹關在集中營三年，那是一段辛酸苦難、悲慘得不知如何形容的歲月。

牢房生涯，天天上演生死一線的戲碼，前一天還一起生活的室友，轉身便是永別，讓他思考出「勇敢」與「活出意義」的哲思。

順暢美好的想望人人有之，但卻是人生

中的不可能任務，很多人期待美好如神蹟般降臨，事實上，逆境才是如影隨形的，困頓遠多過順遂，我們必須學習「勇敢」以對。

「存在」治療法便是這樣出世的，告訴世人有呼吸就有希望。

藝藝家 Kulo 意外缺了右手，多年來一直活在失意怨悔之中，一站又一站的流浪，靠打工賺錢，用酒解悶，馬不停蹄的尋找存在的意義，直到落腳花蓮，才遇見「勇敢」。

不幸的事，誰也幫不了忙，選擇自怨自艾便將一無所有，但勇敢面對可能還有一絲機會，他因而收拾起悲觀，學會幽默，因緣際會在太平洋的懷抱之中開設令人嚮往的民宿「海或」。

大膽築夢的他變身成民宿老闆、雕刻皮雕與木雕的藝術家，及烹調大地美食的廚師，並且演奏非洲鼓音樂。

「只要放得下，有耐心，夠勇敢，就什麼也做得到！」

真的如是，人生不太可能為我們而設，它至多是一張等待彩繪的白紙，堆滿各式各樣的符號，問號要你解答，逗號請你佇足，分號提點你該轉身，最後用驚嘆號等著圓滿，這才是真實生活，它很難一帆風順。

小讀者私我：「如何變成作家？」

我半開玩笑回應，作家不會「變」魔術，它是「退」出來的，每次投稿被退就是多一次挫折的試煉，慢慢磨出筆鋒，「享受失敗」才會有再造高峰的機會。

大學時開始密集投稿，宿舍書桌靠左有一格上鎖，是我的專用「退稿箱」，裝著好多失落感，早期寫作寄出都是石沉大海，慢慢有了回音，投十中一，投五中一，而後成為專欄作家，那是一段漫長的心路歷程，的確艱苦，勇敢不是不怕而是擁有骨氣，一種千山我獨行的氣魄。

欠缺什麼？

考驗不是使人洩氣的，而是明白蹊徑在哪？再用勇氣迎接成功，雨過會天青，贏來主導權！

最光輝值得記憶的一天，並非是功成名就，而是跌到谷底後，從悲嘆與絕望中產生對人生的挑戰的那一刻。

54

不貪

知足的人才會心量開闊

知足常足，終身不辱。知止常止，終身不恥。

——《增廣賢文》

上一波世界陷入經濟景氣大崩盤期間，失業人口大增，多出大量流浪漢，房地產受創嚴重，很多大樓無法完工成了毛胚屋，建也建不了賣也賣不出其中一位房產大亨索幸發「慈悲心」，把它們稍做整修，隔出房間，無償提供流浪的人遮風避雨，這便是著名的「流浪者之家」。

富翁開出唯一條件：必須保持清潔不要影響別人，每一個人都要輪流打理環境，做得到的就可以安穩住下，他們口頭約定，經濟谷底翻身就會收回重建。

谷底經濟長達十年才曙光乍現，大亨發給每人一筆優渥的遷移費，決定預備販售。

結果出乎預料之外，這些習慣伸手的人完全不知足，忘了十年來過著不必露宿街頭的恩情，無償提供房住的小惠，痛罵他沒人性，還要求龐大基金當成生活補助費！

大亨的慈悲心換來了心灰意冷，沮喪，傷感，與對人性的不解，心一狠，毛胚屋最後全數被拆除！

流浪人被強制離開，像場夢，一切又回到原點，他們再度回到了街頭過著露宿餐風的生活！

不貪這件事看來真的很難，知足一直在一些人的平行時空中，我在臉書裡經營「微善雜貨舖」，無償提供一些自稱經濟弱勢的人擺攤設櫃販售，也遇過類似只要魚不想用釣竿垂釣的人，你幫了他一百次但有一次沒出手相助，有人會只記得沒有幫的那一次？人們最容易記得他付出什麼，卻忘了他得了什麼？最後我不再幫了，這便是貪的下場，不珍惜，美好的事就可能成為海市蜃樓。

這是一個禪的故事：

寺廟裡有七個修行的和尚，每天的三餐是分一大桶合食的粥，但長年鬧飢荒，根本不夠吃，一開始是自由吃食，餓昏了的僧人完全不顧形象奮力搶食，桶子的粥很快便見底了，後來用值班的方式輪流分粥。

老和尚發現依序取粥，只有分粥的那個人是吃飽的，他會貪心的給人分少一點後剩下的全是自己的，於是他想出一個方法，分粥的人全部分完後，選最後一碗，這個方式終於在不公平中有了一絲絲公平法則，為了怕自己吃的最少，分粥人便會儘量分得平均。

早年美國是這樣掠奪印第安人財富的：

「我能不能用我船上的這些珠寶換你的這塊土地呀？」

印第安人非常驚奇地看著眼前亮燦燦的珠寶，一口答應：

「好啊，我們有的是土地。你現在騎著我的馬，你走到哪裡，土地就是你的。但是有一個條件，你必須天黑之前回來這裡。」

那個人欣喜若狂不停的快馬加鞭往前跑，沿途喃喃自語：

「這塊地太好了，可以種高粱。」

「這裡可以種稻子。」

越走越開心，忘了太陽偏西了，而且迷路，他騎著馬不知道轉了多少圈，結果筋疲力盡摔入一個坑洞死亡，最後就地掩埋。

牧師替他禱告時說：「一個人要多少土地呢？人這麼大，坑就這麼大吧！」

貪心這件事其實一直鋪陳在每一個人的人生道上，用不同的方式考驗每一個人，它是你的人生路障，看到了清除了坦途就在後方，袁枚說：「不貪才是安心法」，值得你花時間理解。

55

調味

一道好菜需要各式的醬料

美德有如名香，經過燃燒或壓榨其香愈烈。
——培根

看完由 Sam Mendes 導演，攝影大師羅傑狄金斯負責掌鏡，榮獲二〇二〇年金球獎最佳劇情片與最佳導演的《一九一七》，它描述一次大戰的一件小事，但劇情卻一直扣動我的心弦。

沒有槍林彈雨，反而更似一首長詩，透過長鏡頭與時間縱軸書寫的形式，化開了提心吊膽與戰爭的恐怖表象，載運了人性與生死之間很深沉的哲理。

看完的那一夜我一直自問：

戰爭是一個人的執念與一堆人的死亡拼湊？

戰士死亡，他的家人悲悽，槍火對準雙方，其實全是素味平生？

他們沒有作主那誰作了主？

又為什麼？

主題非常簡單，卻鋪陳出許多大哉問？

電影是這樣開場的：

兩位年青的大兵穿越封鎖區口頭傳達命令，以防止大部隊走入德軍設下，引英軍入甕的陷阱，這個橋段演了四十分鐘，從他們勇敢、恐怖、忠誠、決心出發，帶著使命通過鐵絲網、彈坑、炸毀的城鎮和複雜的地道，鋪陳出的卻是生死一線的絕望與思考。

生死一瞬，前進可能自己會死，人生中斷，一切的有瞬間是無，夢想成灰；使命是救人，不前進是一千六百名官都會死，私心與公利之間點出人性掙扎？

布下陷阱的表面是德軍，但事實上卻是一直以來的權力貪婪者，它不是一個人，一個國家，不止在一次大戰，而是層層疊壓在每一個世代，每一個不管人民死活的權力者。

他們一直為自己的權力布下陷阱，讓不懂這些深奧機鋒，只想一口飯的升斗小民一直活在水深火熱。

機器人從形式演算華麗轉身成生活幫手，繼掃地機器人之後，管家機器人、點餐機器人、大廚機器人、按摩機器人、閱讀機器人魚貫出列，人的存廢開始大考驗？

人萬能的創造出無敵的機器，但機器卻取代了人，矛盾中充滿弔詭，彷彿「上帝石頭論」，可以變出一塊自己搬不動的石頭，我的迷惑於是發生：人到底是萬能或者無能？

這些有權力的人到底缺了什麼？

我猜是「溫度」。

如果有這一味調味會不會更好一些？

友人的童年很窮，上學下田是兩件大事，有時割稻就不能上學，媽媽因而要求他國中乾脆輟學不要唸了，被李老師稱做「小小莫內」有畫畫天分的他非常傷心，李老師知道後心急的找王媽媽溝通，條件是：

學費不用操心，他會想辦法。

李老師私下鼓勵他多畫畫：「我替你賣！」

他竟信以為真把畫一張張交給老師，沒多久老師便帶笑告訴他售出了喔，並交給他一個飽滿的信封：「快去繳學費。」

這件事後來成了常態，即使升上國中高中他依舊到老師家交畫，有一年教師節前夕去探望老師，塵封多年的祕密才揭曉：

買畫的人根本就是老師。

他曾自許如果自己也當老師，一定要是一位很像老師的好老師，之後他成了美術老師，現在也是提攜學生，孩子心目中的好老師，他說老師是他的楷模：

用的是愛，看的是才華，眼中沒有分數。

他幽幽說道：

「如果每一位老師都是作育英才的好老師，下一代的人生便會充滿無限可能吧。」

朋友講的這一個故事應該就是溫度的最好解釋了，有了溫度，無論扮演什麼角色，才會懂得利益他人。

56
幸福
人生不是只有成就

金錢只是工具，人真正的幸福
其實不在於他擁有了什麼，而在於他是什麼。
——王爾德

霍華德．金森讀研究所時做過一個關於幸福的研究：

《人的幸福感取決於什麼？》

總共發出了一萬多張問卷，回收了五千二百張有效樣本，結果令人驚訝，只有一二一人認為自己幸福，比例極少。

當中有五十人是所謂的人生勝利組，事業有成的「成功」人士，可以自由支配賺來的財富，我們花十元就可以取得的物品，他們願意花一千元或者一萬元，生活闊綽覺得很有幸福感；另外的七十一人則是平凡中人，包括普通的家庭主婦，種菜的農民，小職員，甚至還有流浪漢。

霍華德．金森因而做出了結論：

幸福有二種，一種是淡泊寧靜的平凡人，一種是功成名就的傑出者。

這篇論文得了特優，他因它取得博士學位。

一晃二十多年，他已不是博士生，而是學校裡有名的學者教授，有一天他突然想起了這個研究，很想再度訪問當年一百二十一名認為自己非常幸福的人，想知道他們是否一樣幸福。

助理依照手中資料找著當年七十一名平凡者，其中兩人去世，收回六十九份新的調查表，即使他們多了疾病和意外，生活十分拮据，仍然覺得自己「非常幸福」；五十名成功人士仍健在，九人事業一帆風順覺得幸福，二十三人不再覺得很幸福，十八人因為事業受挫，或破產或降職，覺得痛苦或者非常痛苦。

新的研究讓他對當年結論有了根本改變，霍華德．金森覺知到幸福其實與金錢無關，重點在是否知足，與那一顆心，只有慾望不要大過於能力才有可能永續過著淡定寧靜、身心愉悅、知足常樂的平凡生活。

與哲學家穆尼爾納素夫的想法很一致：「真正的幸福只有當你真實地認識到人生的價值時，才能體會到。」

這本書我談了很多如何使自己更專業的想法，那無疑是讓你更為出色的魔術，但同時也說了很多品格的小故事，那是專業的「加分題」，但更重要的是要了解真實的幸福如何得取？

如果專業只是像喬丹一樣，努力精進籃球，像柯比一樣苦練、苦練、苦練，或如姚明是比別人多付出一小時練球……得到的肯定是成就與富可敵國的財富，但一碗牛肉麵的價格不是因為你是誰而有所改變？你也不是大胃王可以一下子吃了三碗？更不會用一萬二千元去買一碗一百二十元的牛肉麵，一般般的財力就可以過著滿足生活，所以關鍵不在錢，在「心」。

同樣是有錢人幸福也差很多，有人財大氣粗，有錢之外想得權想好名，但查克菲尼的有錢卻是用來改變別人，他的幸福來自把取之社會的錢用之社會，給人幸福，他的想法值得好好想想。

57

初心

按照原來模式

勤守其初心，始終不變。
——宋・蘇軾

米其林名廚江振誠在《初心》一書中，談及踏上料理這條路的機緣與歷程時說：「既然喜歡這件事，那就要把它做到最好。」

二十歲，他已經是台灣餐飲史上最年輕的餐廳主廚，三年後，毅然決然放下得來的名位飛到法國，拜在米其林三星主廚的門下。

年少得志其實並非好事，志得意滿會讓人傲慢，飛抵法國的第一件事便是「放空」，忘記厲害，想像自己一無所有。

老子的「空有」哲學成了他的借用，理解空的杯子確實是沒有，但裝了水就是有，倒光了再度沒有，所以沒有是有的開始，只要努力人永遠有進步的空間，太自滿就會限縮了這樣的可能性，空與有之間流轉便是去蕪存菁，得到更美的光華。

「從零開始」談何容易，更難的是不會講法文的他，必須從頭學習，唯一能做的事叫做「認真」。

大廚變成學徒的待遇就是跟馬鈴薯對話、打掃廚房、睡在小倉庫，把淚水與汗水化作努力的衝勁。

七年學成，獨當一面，飛回亞洲，拓展屬於自己的料理版圖，成為「印度洋上最偉大的廚師」，他開的餐廳被評為：「最值得專程搭飛機去品嚐的地方」。

他一直保持原有的「初心」，是什麼就是什麼，工作本來就是辛苦的，一直苦不堪言便缺乏熱情了。

「過人的努力與自我要求」，是他烘焙出驚人資歷，可以獨領風騷的方程式；「興趣」是他的夢想魔法，人不可能都會，所以只能會自己最愛的，最可以勝任的事，不要只有心動，而是要行動。

「打工小弟」是他的廚師起手式，先從接觸熟悉未來的工作環境，更重要的是無論什麼事，都全力以赴做好它，讓長官放心，因而學到更多經驗，漸漸累積了成就感，建立自信。

為了圓夢他讓自己像海納百川的「海綿」，悶著頭吸收再吸收，不止對於餐飲，更投入背後的文化底蘊，包括對人文、歷史、藝術、季節特色、風土民情、語言等等，是對生活周遭事物的觀察與體驗，用法國人的角度去學習法國人的餐飲文化。

《小王子》書中有一句話說：「What is essential is invisible to the eyes.」意思是許多重要的東西，是眼睛看不見的，那就必須用心，這是他的座右銘，望聞問切，眼耳鼻舌心這些中醫診療全被他用到廚藝。

趨勢專家說，未來的世界是：

方向比努力重要；能力比知識重要；健康比成績重要；生活比文憑重要；EQ比IQ重要，最重要的是一本初心，如同新生兒面對世界一樣永遠充滿好奇、求知慾和不停讚嘆。

世界在變，人在變，只要初心不變，就像一直向同一個方向前進了。

58

利他

做一個被需要的人

我們活在世上不是為自己而向生活索取什麼，
而是試圖使別人生活得更幸福。
——奧斯勃

祕克琳神父，是一位從遠方的義大利飄洋過海來到台灣，定居蘭陽，並且催生宜蘭童玩節、蘭陽舞蹈團，無怨無悔的成為宜蘭的文化推手的老外，我無法理解的是他的「利他」心思，這個地方無論怎麼說都只是他的異鄉，他卻當成是故鄉，為什麼？

應是中心有「愛」。

一九六四年，我六歲，他便啟航，從地球另一端的義大利出發來到我的故鄉宜蘭，那一年他是二十九歲的小伙子，歲歲年年人不同，神父的黑髮早成白髮，平板肚也加大成了巨大的啤酒肚，沙啞低沉的聲線，一口濃重外國腔的中文，祕克琳什麼都變了，只有愛不變。

一九七四年蘭陽舞蹈團第一次出國表演，第一場在他的故鄉義大利只來了三十個觀眾捧場，之後慢慢成了滿座，這個努力卻是從克難中成就的，五十多年了，財務一直都是山海關，在表演、義演、經費不足中無情輪迴，成了揮不去的魔咒。

「來台灣兩個月後，我就想要做藝術文化的推動。我要做台灣需要，而且是別人沒做過的事。」

祕克琳沒有想到這個文化擔子一旦挑了起來就是一個甲子脫不去的沾黏，我在回宜蘭演講時遇上了這位利他主義的先行者：祕神父先生，他的青春我無緣親會，見面他已被歲月淘洗成「神父爺爺！」了，高齡八十六，仍舊精神奕奕的站在校門口，等我這個迷路的宜蘭人到來，問候一句，從他的笑容中我看見了傳說中，每一天孩子與他道早安，童言童語撲向他的美好畫面，這是他一天之中最開心的一刻。

神父夢想的人文，也是他一輩子最深沉的負擔，但他依舊舉重若輕的寫意揮灑，我難免會有錯覺，他鄉、故鄉的定義？

利他主義應該是他修習的哲學裡很重要的一項，為別人而活，而非只想到自己。

他一直「被人需要」，那也許就是某種程度的存在意義了。

一百歲的瑞福井先生仍然每天通車一小時到公司上班教年輕後輩，他說，一般人往往是需要別人的，處心積慮的想從他人身上得到利益，地位，好處與名聲等等，難免會用「爭」的，因而出現了盲點，一邊工作，一邊想著能夠得到什麼，是不可能把工作做得好，只會帶來更多的不安、焦慮與沮喪罷了，但他是另一種人，勤奮工作的理由是因為相信別人需要他，即使老了但還有能力奉獻自我。

西斯蒙第說：「做任何事之前應該以眾人利益為先，多替他人著想，再難過的日子也都可以笑著度過了。」

利他者往往得到更多尊重與幫忙，他們是「平凡英雄」，相信自己只需要一瓢飲，其他的可以用來助人。

如果只把時間用在對自己有利的事情上，頂多自己受益，如若「利他」，就會像漣漪一圈又一圈向外擴散出去了，成了一股社會旋風。

59
自信

按部就班爬上樓頂

信任，不會從天上掉下來，它需要時間去贏得、是一個長期經驗累積的結果。
——白崇亮

我可以搬動一座山！

聽起來像自大。

我相信這件事我能做得好。

這便是自信。

兩者之間其實不難區別，講出來的話，連三歲孩子都不相信的，一定是自吹自擂了，真正的自信像春風輕輕柔柔的。

日本指揮家小澤征爾，對大型慢板羅曼史的詮釋，獨樹一格，激動的指揮方式以及他幾乎不使用指揮棒的印象為人所知。

他參加世界優秀指揮家大賽進到決賽，依評委給的樂譜指揮演奏，敏銳地聽出聲音裡的不和諧。

起初，以為是樂隊錯誤，幾次重新開始依舊有問題，他覺得是樂譜有錯，但在場的作曲家和評委堅稱是他聽錯了。

眾口鑠金，他一度以為是自己錯了，但思考再三，最後斬釘截鐵的說：「是樂譜錯了。」

語音甫落，評委們紛紛起身，報以熱烈的掌聲，祝賀他大賽奪魁。

原來，這是精心設計的圈套，用以檢驗指揮家在發現樂譜有錯時是將錯就錯或者大膽的挑戰權威？

那一場比賽的其他人全附和評委說法，只有小澤征爾充滿自信，因而摘取桂冠。

但自信並非天生的，天后歐普拉成長在黑人想要分享榮耀是何其困難的年代，尤其是貧戶，但她做到了，並且改變美國人的閱讀方式，節目在一百四十五個國家放映，觀眾難以計數，就連哈佛、史丹佛等多所常春藤名校都爭相邀請她對畢業生演講，更重要的是，她推動的慈善事業遍及全球。

光鮮的她其實是這樣走過來的：掙扎、走過、哭過、逃避，繞了一圈又回到原點，最後才懂得與自己和解，開始懂得笑看一切……。

伏爾泰解讀的人生是，佈滿荊棘，人們唯一的辦法是，跨過它。

即使身經百戰的人，第一次踏上不熟悉的舞台上搖滾，那便只有五分二十七秒，還是顫抖。

這件事也讓歐普拉確知：「每一次都是機會，都要把握。」

愛默生說，自信才是英雄的本質！

我是個演說者，不必演講稿就可以站在講台上侃侃而談三小時以上，但之前可不是這樣，有過羞澀的階段，上了台連五秒鐘都是酷刑，這之間的差異在於「是否準備好了」，沒有磚怎能造出城堡？準備妥切之後，我的自卑馬上變成自信。

自信並非三五天得來，它是長時間的堆疊結果。

吉姆羅傑斯曾說：「最快速累積自信的方法是：做你喜歡做的事，然後全力以赴。」追求與實現夢想，不會是一條筆直的高速公路，應該如同北宜公路的九彎十八拐，一個過彎之後還有另一個過彎。

完全投入是必要的特質，奴賓塞強也是這麼說的：「全心投入時，就不會胡思亂想，讓人只專注在當下，它將引領你走向成功。」

人生，「不是你想做什麼？而是你能做什麼？」

相信自己不能，大概前進一寸都有困難。

但不怕失敗，相信「我能」！

跌倒，站起，每次墜地，反而會像皮球一樣彈跳得更高！

60
改變

撥雲見日最好方法是不停改變

被人揭下面具是一種失敗，
自己揭下面具則是一種勝利。
——雨果

斯沃琪（Swatch）這個名字在年輕人的世界裡肯定是耳熟能詳的符號，但多數人也許不知道它就是人名，不是商標。

斯沃琪確實是貨真價實的集團主席，創造了包括休閒，娛樂及附件所代表的新的手錶理念，引入新一代手錶觀念。

一九八三年三月一日，斯沃琪手錶在瑞士蘇黎世正式發布價格五十瑞士法郎，第一年銷售一百萬支手錶，第二年二百五十萬支，由於它的市場擴張策略和對於「瑞士製造」的手錶來說算很平價，很快攻城掠地，公司通過全自動組裝生產線以及把手錶零部件從通常的九十一個減少到五十一個，節省了約百分之八十的生產成本。

斯沃琪在一九八〇年代中期達到了在美國市場的頂峰，那時候他們開發出了一系列的「斯沃琪專賣店」以適應不斷增長的市場需求，同一時期，斯沃琪開創了與知名藝術家合作的先河，如凱斯．哈林等。藝術設計的手錶賦予了時髦青年新的特立獨行的標籤。

這是Swatch手錶成功的理由，它們一直沒有停止思考，永遠在「變化」，變化多端的手錶種類，包括全金屬機身的「金屬系列（Irony Series）」，潛水錶（Scuba Series），超薄錶系列（the Skin Family）和一款與網際網路相連可以下載股票報價、新聞、天氣預報和其他數據的「狗仔隊系列（the Papparazzi series）」，加上時尚、覆顛傳統，吸引很多年輕與收藏的族群，紛紛被它征服。

水淹教堂，牧師受困，鄰居勸他逃離，他說：「上帝會來救我。」水已淹餐桌時，救難隊趕抵，牧師還是堅持不走。水淹一樓時，救生艇要載他出去，他依舊不從。最後派出了救難直升機，牧師仍舊揮手不從：「上帝會來救我！」牧師終於溺斃，到了天堂後忍不住對上帝埋怨：「你不是說會來救我的嗎？」上帝說：「是啊，我的確化身了人、船與飛機馳援，你都不願被我救呀。」

與Swatch比起來這個神父便顯得「不知變通」了，一成不變的人永遠在一個圈圈裡打轉，怎麼可能脫困？可是人生往往不是如是單純，它是變化多端的，我們要用改變應付萬變，等待機會等於把命運交給別人，「改變」才能創造機會。

失敗何妨？它占了人生的十之八九，改變是很好的「修正液」，反覆修繕自己，自己的人生才會越來越順利，道路才會越走越寬廣，彷彿通過少林寺十八銅人陣考驗，才能下山闖蕩多變的江湖了。

人生本來就不是直的，你我都可能遇上難關，轉變就好。

這本書六十則格言故事結束了，我用「改變」兩字收尾，我相信最大的敵人總是自己，只要改變了自己，勝利者就在前方了！

九　歌　文　庫　1　3　3　3

格言裡的人生魔法：
給孩子 60 則為人處事的智慧哲理

國家圖書館出版品預行編目（CIP）資料

格言裡的人生魔法 : 給孩子 60 則為人處事的智慧哲理 / 游乾桂著 .
-- 初版 . -- 臺北市 : 九歌 , 2020.07
面；　公分 . -- (九歌文庫 ; 1333)
ISBN 978-986-450-297-4(平裝)
1. 人生哲學 2. 生活指導
191.9　　109007899

著　　者——游乾桂
內頁圖片——陳瓔瑛
責任編輯——鍾欣純
創 辦 人——蔡文甫
發 行 人——蔡澤玉
出　　版——九歌出版社有限公司
台北市 105 八德路 3 段 12 巷 57 弄 40 號
電話／ 02-25776564・傳真／ 02-25789205
郵政劃撥／ 0112295-1

九歌文學網　www.chiuko.com.tw

印　　刷——晨捷印製印刷股份有限公司
法律顧問——龍躍天律師・蕭雄淋律師・董安丹律師
初　　版——2020 年 7 月
定　　價——340 元
書　　號——F1333
I S B N——978-986-450-297-4